富兰克林效应

陈允皓 著

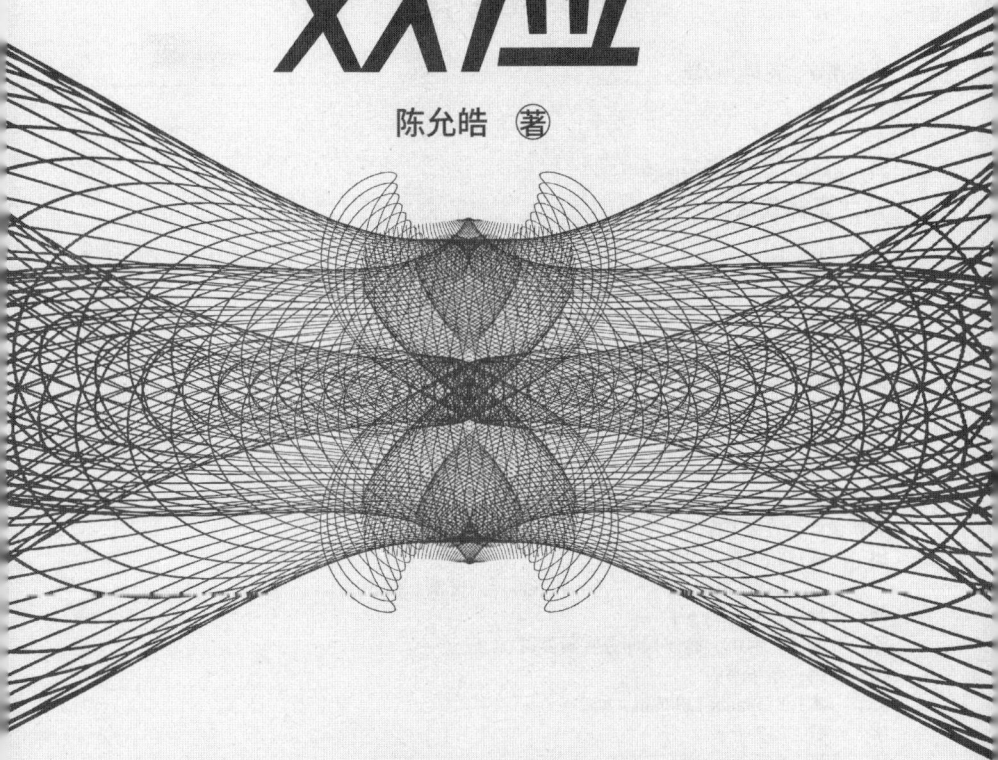

湖南文艺出版社
HUNAN LITERATURE AND ART PUBLISHING HOUSE

博集天卷
CS-BOOKY

图书在版编目（CIP）数据

富兰克林效应 / 陈允皓著 . -- 长沙：湖南文艺出版社，2021.8
ISBN 978-7-5726-0065-4

Ⅰ. ①富… Ⅱ. ①陈… Ⅲ. ①心理学—通俗读物
Ⅳ. ①B84-49

中国版本图书馆 CIP 数据核字（2021）第 029009 号

上架建议：畅销·心理

FULANKELIN XIAOYING
富兰克林效应

作　　者：陈允皓
出 版 人：曾赛丰
责任编辑：吕苗莉
监　　制：于向勇
策划编辑：布　狄
文案编辑：王成成　李　睿
营销编辑：王　凤　段海洋
版式设计：潘雪琴
内文排版：麦莫瑞
装帧设计：蒋宏工作室
出　　版：湖南文艺出版社
　　　　　（长沙市雨花区东二环一段 508 号　邮编：410014）
网　　址：www.hnwy.net
印　　刷：三河市天润建兴印务有限公司
经　　销：新华书店
开　　本：875mm×1230mm　1/32
字　　数：217 千字
印　　张：8
版　　次：2021 年 8 月第 1 版
印　　次：2021 年 8 月第 1 次印刷
书　　号：ISBN 978-7-5726-0065-4
定　　价：48.00 元

若有质量问题，请致电质量监督电话：010-59096394
团购电话：010-59320018

写在前面：
好关系，靠麻烦

也许，这将颠覆你的固有认知。

200多年前，美国开国元勋本杰明·富兰克林说："曾经帮过你一次忙的人会比那些你帮助过的人更愿意再帮你一次忙。想取得一个人的支持，尤其是圈子外的人的支持，那就先找他帮个忙，事情会出现意想不到的转机。"

后来，这种神奇的心理现象被人们称为"富兰克林效应"。

200多年过去了，随着心理学学科的发展，"富兰克林效应"也一次次得到了验证，这个颠覆人们原有认知的心理现象如今广泛运用在人际交往中。

原来，我们以为麻烦别人会给他带来困扰，从而引起他的反感，所以我们尽量自己的事情自己做，宁可选择放弃也不愿意麻烦别人。

实际上，好关系是麻烦出来的，没有互相麻烦，关系就无法建立。**让他帮你一个忙，这会让他感受到被认同和尊重，能够拉**

近彼此的心理距离。

原来，我们以为天道酬勤，只要不断付出就能得到回报，所以在讨他人喜欢时，我们总是习惯付出，结果往往却不尽如人意。

实际上，在社交圈付出的原理往往不好使，一味付出可能换不来回报，根据"富兰克林效应"：**引导别人为你付出会更有效，人们在一件事情上付出越多，对它的态度就会越喜欢。**

伟大的文学家托尔斯泰也对这一效应深表赞同，他曾在《战争与和平》一书中写道："我们并不因为别人对我们的好而爱他们，而是因为自己对他们的好而爱他们。"

这一心理效应带给人们认知上的升级，进而解释了生活中的诸多问题：

> 为什么会哭的娃娃有奶吃？
> 为什么合理麻烦别人，会拥有广泛人脉？
> 为什么善良的人却容易被欺负？
> 为什么恭维别人，会更加被瞧不起？
> 为什么父母总是对我们无微不至地关爱？
> 为什么亲密关系中，付出越多离爱越远？
> …………

本书通过大众心理学知识结合我对生活的洞察，深入分析人与人之间亲密关系的建立与相处，通过认识自我，超越自我，转变思维模式，从而提升自我价值感，这本书不是新兴成功学或者励志版心灵鸡汤，不会告诉你如何通往成功之路，更不会像传统人际交往类图书一般教你如何察言观色、圆滑处世、讨好领导、人际厚黑学等老一辈已经被时代淘汰的观点。

21世纪的人际关系应当建立在平等自由之上，这本书探讨新时代人与人相处的模式，转变固有思维，尊重每一种性格人群的自我选择，突出人的个性与精准心理需求，人际交往的模式不应该是一成不变的，一个社会越发达，就越能顾及多元人群的心理感受。

在书中我将心理学知识通俗易懂地融入现实生活中去，这不是一本专业的心理学书籍，而是一本人人都能读懂的人际交往手册。本书由富兰克林的事迹引出，深入解读"富兰克林效应"在生活中的应用，除此之外，还包含了人际交往、认知升级、自我提升、亲密关系等板块内容，其中对生活中一些常见的困扰做出解答：

> 如何高情商地麻烦别人？
>
> 如何拥有被讨厌的勇气？
>
> 如何表达出自己的不满？
>
> 如何战胜社交焦虑，克服对陌生人的恐惧？
>
> 如何拥有共情能力，做到移情沟通？
>
> 如何有效打造个人品牌？
>
> 如何保持一段长久的亲密关系？
>
> 如何用仪式感拯救无趣生活？
>
> 如何在生活中了解一个人的人品？
>
> 内向、高敏感人格如何找到自己的生存方式？
>
> …………

我小的时候，就能敏感地感知到别人的语言、动作、表情、语气中表达的内在含义，这并不是一件值得炫耀的事情，共情能力太强让我一度陷入痛苦之中，我具备敏感型人格的所有缺点：玻璃心、内向、不敢表达、内心复杂、多愁善感……由于能够感知到别人的痛苦，我生怕因为自己的原因给别人造成困扰。

就如太宰治所说："太敏感的人会体谅他人的痛苦，自然就无法轻易做到坦率。所谓的坦率，其实就是暴力。"

我曾以为，我的一生都将因为性格的缺失陷入这帮人无法理解的纠结之中，但我不甘，这样的生活过于沉重，于是我学习了大量心理学知识，对自己的内心做出反思和质疑，我发现这种性格不完全是一种缺陷，反而是一种能力：感知与体验。

我知道性格难以改变，于是我尽量剔除性格中让人厌恶的缺点：多疑、自卑、玻璃心、软弱。并且发扬性格中的优点：共情力、洞察力、敏感力、独处力……

通过这些年不断对自己的内心进行改造，一方面我更能感知这世间之美，心中渐渐从阴霾走向阳光自信，正因为我有过这样的经历，所以更能体会内向型人格所面临的困惑和优势；另一方面我将多年对人性的洞察写了下来，在社交媒体上受到了好评，于是我打算将它们出版成册，去影响更多的人。

在观察人群时，我发现不好意思打扰别人并不是一种美德，躲在自己的世界里失去了与外界的联系，那些坐拥众多人脉关系的交际达人却喜欢和朋友们互相合作帮助，在互相帮助中增进感情，达到目标，于是我总结出：好人脉，是麻烦出来的。

后来在一次阅读中，我发现了"富兰克林效应"，这与我的观点不谋而合，就像跨越200多年的一次对话一般，顿时我灵感大开，将自己的经验与思考写了下来。

高情商的社交关系需要掌握人的心理感受，在保持自我的同时，带给人们舒适的心理体验，认识自己，并且对自己进行改造，让平等、理解、包容、自信融进生活，融进我们的骨子里去。

人们常说一个人的"成熟"就是在于圆滑、功利、老练，为了在这个社会生存就需要随着环境而改变自我，恕我无法认同。

一个真正的能人懂得如何保持自我的本心，用实力、真心、品质、修养、格局来换取他人的信赖，赢得他人的认可，好的关系在于互相支持，互助共赢。新一代的年轻人有着一项艰巨的任务：转变传统的社交模式，构建和谐平等简单的人际环境。

如果你能够通过本书，有一点思维上的转变，我认为我的价值就已经得到体现，让我们一起成为人群中坚持自我，互助友爱的人，建立自己的人格魅力去传染给更多的人，让社会少一些歧视、偏见、恶意、不公，让每一种性格特征的人都能得到充分的尊重和理解，允许人们有着更加多元的相处模式，我想这与你我都息息相关。

感谢你，陌生人。

陈允皓

2020年7月20日

目 录
Contents

One

富兰克林效应：
好关系都是麻烦出来的

Two

别让不好意思，
错失有效人脉

2

Three

保持分寸感，
需要掌握关系边界

Four

建立个人品牌，
成为不可或缺的人

Five

彼此需要，
让我们走得更近

One

富兰克林效应：

好关系都是麻烦出来的

1.

麻烦出的好关系：
独立战争中的天才谋略家

⑧ **不麻烦别人，关系就无从建立**

生活中，你是否遇到过这种现象：会哭的娃娃有奶吃，家庭里父母大多偏爱总是提要求的孩子；平时不愿意麻烦别人的人以为可以省去诸多麻烦，却渐渐地变得被人孤立，而经常喜欢麻烦别人来回走动的人反而人脉更广，人缘更好。

许多人遇到事情不好意思打扰别人，所有事情都独自承担，久而久之就会故步自封，与外界断了联系，中国民间有句俗话："你不来我不往，就没了来往。"人们在互相帮助中增进感情，不麻烦别人，关系就无法建立，更有意思的是：当我们想要结交一个人时，不要为他做一件事，而是让他为自己做一件事，效果会更好。

早在200多年前，美国开国元勋富兰克林就洞察到了这一点。

18世纪末期，富兰克林还只是宾夕法尼亚州的一名议员，有一次他在宾夕法尼亚的议院发表演讲时，其中有一位议员完全反对他的意见，也发表了一篇演讲，并且十分激烈地批评了富兰克林的观点，这让富兰克林有些措手不及，但他又十分想争取这位议员的认同。

富兰克林知道这位议员固执难缠，自己又不愿卑躬屈膝地向他示好，一时觉得非常难办。过了一段时间富兰克林采用了这么一种另类办法，他打探到这位议员家中收藏了一本绝版的稀世珍书，于是他十分恭敬地写了一封信，信中只字未提政治上的意见，只是说自己对议员家这本藏书兴趣浓厚，不知能否借过来看几天？

令人意想不到的是，这位议员二话不说便把书送了过来，富兰克林则于一周后归还，并附上了一张字条，表达他的感激之情。

在这一借一还中双方关系似乎产生了变化，接下来发生的事如同富兰克林事后描写的："当我们再次见面时，他跟我说话了（他以前从来没有这么做过），而且很有礼貌，后来他还向我表示他随时愿意为我效劳。"

之后这位议员化敌为友，还在很多事情上表达了对富兰克林的认同，于是他们成了非常好的朋友，这种友谊持续了一生。

富兰克林说："曾经帮过你一次忙的人会比那些你帮助过的人更愿意再帮你一次忙。想取得一个人的支持，尤其是圈子外的人的支持，那就先找他帮个忙，事情会出现意想不到的转机。"这种神奇的心理现象被人们称为"富兰克林效应"。

后来心理学家和营销学专家根据富兰克林的经验将生活中的这种现象总结为：相比被你帮助过的人，那些曾经帮助过你的人会更愿意再帮你一次。

　　这也印证了我们上述所说的，为什么适当麻烦别人会令人与人之间的关系更加牢靠。富兰克林在争取国家利益的外交风云中，更是将"富兰克林效应"这一现象运用得淋漓尽致。

⑧ 精通人性，才能吃定任何人

　　1776年，年过七旬的老人富兰克林踏上了赶赴法国的巨轮，尽管年事已高，痛风和肾结石折磨着他。

　　此时正值18世纪中后期，北美殖民地的资本主义经济取得了飞速发展，美利坚民族市场已经基本形成，13个殖民地开始联合起来呼吁建立殖民地联盟，为了脱离英国管制走向独立，在1775年爆发了北美独立战争。

　　在当时的国际背景下，英国打败了西班牙夺得了世界霸主的地位，在英美战争初期，双方军事实力悬殊，经过一年的战役美军连连败退，一时军资匮乏，士兵衣不蔽体，夜无毡毯，眼看就要沦陷，在这种紧迫的情况下，美方决定寻求国际帮助，富兰克林等人被派往法国。

　　法国是欧洲强国，但是屡屡受制于英国，失去了世界霸权的机会，英法两国早已是结下梁子的死对头，眼看英美打得热火朝天，法国必定暗自欢喜，此时富兰克林如果能寻求到法国的援助是目前最好的方法。

　　如果说当时有些法国人说不清楚华盛顿的名字的确情有可原，但作为一位著名的科学家和思想家，富兰克林早就在整个欧洲家喻户晓了。

这位慈善和蔼的老人抵达巴黎时，受到了法国人民的爱戴和欢迎，甚至掀起一场富兰克林热，当时法国的一些社会名流纷纷邀请他参加宴会和沙龙，他的身份方便了他的外交工作，借此机会他在公开场合到处演讲，希望通过社会舆论取得人们对北美战争的同情和支持。

然而，富兰克林的外交工作远没有想象中简单，法国并没有同意他提出的请求——签订军事同盟并展开友好通商。

究其原因，是因为当时局势对美军越来越不利，法国不想与实力庞大的"日不落"帝国公开作对，只是暗地里给美军一些军事援助，既不想得罪英国，又不想看到英国胜利，只想坐收渔翁之利。

即便知道困难重重，但这并没有撼动富兰克林的信心，面对生性浪漫的法国人，他投其所好，用他的个人感染力，在觥筹交错间筑起深广的上流人脉关系网，并且多次麻烦法国外交官维尔仁，了解法国内部动态仔细分析欧洲各国间的局势，一来二去，他们成了感情深厚的"好兄弟"。

1777年，美国人取得了有史以来最大的胜利——萨拉托加大捷。这一胜利让战争形势发生了改变，英国政府向富兰克林伸出了橄榄枝，希望英美两方能够在帝国之内高度自治原则下讲和。

富兰克林没有及时答应，而是将这一消息透露给了法国官廷，并言称：如果讲和，英国将继续拥有美洲大陆的占有权，它将会实力大增，成为世界上最强大的国家，英国世界霸主的地位再也无法撼动了。

这让法国上层惴惴不安，深恐分裂英国的绝好时机再难获得，于是同意与美方签订《美法同盟条约》，开始承认并公开援助美国，加入美国作战，独立战争的转折点才拉开序幕。

⑧ 让他为你做一件事

美法同盟后，富兰克林决定顺水推舟，他和"好兄弟"法国外交官维尔仁开始在欧洲四处煽风点火，游说各国为了自身利益加入战争，西班牙为收回被英国占领的直布罗陀，率先以法国同盟军的名义加入了对英战争。

后来又在富兰克林和维尔仁的鼓动下，俄国沙皇联合丹麦、瑞典，在1780年2月成立"武装中立同盟"，之后普鲁士、神圣罗马帝国、荷兰也先后加了进来，共同对付英国舰队，打破英国的海上霸权。

原本只是一场英国的国家内战，被富兰克林生生弄成了各国围攻英国的世界大战，这才真正撼动了英国世界霸主的地位。

"世界潮流浩浩荡荡"，几乎整个欧洲对英国实行了外交孤立，英国面临四面楚歌，在1781年10月，北美军在法军的协助下取得了约克镇战役的胜利，英国知道自己大势已去开始谈和。

就在各国准备签订合约时，美方又闹出了么蛾子。

在谈判过程中，法国和西班牙因为领土问题站在了一起，与美国的利益产生了冲突，美方的一个代表约翰·杰伊觉得既然法国与美国的利益有冲突，不如抛开法国单独和英国谈判，于是他没有告知富兰克林就与英国单独签订了初步和平条款，条约中英国承认北美独立。

然而这个擅自莽撞的行为完全违背了美法同盟条约，说好的在一起，你却单干？法国自然不会同意，并且提出了强烈抗议。

这下可好，万一这时法国因此不再与美国合作，转而去帮助英国，美国的独立计划可就功败垂成了。为了修复美法关系，富兰克林再次出马，他给维尔仁写信道歉并解释了这一切，表示这个误会差点让英国坐收渔翁之利，这次事件让英国误以为离间了我们两国的关系，可实际上我们两国的关系依旧牢不可破。为了证实这一点，富兰克林又开始寻求法国的帮助，他在信上表示，恳请维尔仁为美国安排新的一笔贷款。不久后600万利弗尔转到了美国的账上，就这样利用"富兰克林效应"缓和了美法之间的关系，又为美国赢得了一笔应急的财富。

⑧ 从暴君手中夺下民权

我们知道，1783年英美签订了《凡尔赛条约》，北美独立战争最终取得了成功，美国成为真正意义上的国家，这离不开欧洲各国对美国直接或者间接的援助，而幕后的推波助澜者，正是那位年过七旬的老人——富兰克林。

作为一位天才谋略家，富兰克林机智灵活，善用技巧并且深谙人性，他能洞察人性所需，并且巧妙地运筹帷幄，最终达到自己的目的，尽管在初入法国时困难重重，但是他依旧等待时机，不怕麻烦，直到取得了法国高层的信任，为日后的外交工作打下了基础。

富兰克林被认为是美国自由和独立精神的象征，人们称他为

"从天上夺下了雷电，从暴君手里夺下民权"，作为一名集科学家、哲学家、政治家、文学家、出版家于一身的天才，为整个人类事业做出了诸多的贡献，富兰克林的生平事迹和处世之道，带给了我们诸多启发。

例如他所发现的"富兰克林效应"，**懂得在麻烦别人的过程中获取他信任从而增进与他人之间的情感，在200多年后的当代依旧受用，一味地付出换不来回报，麻烦一下他人，引导对方付出可能更有用。**

不得不说，富兰克林用科学的方法处理人际关系帮助自己走向巅峰，最后笑着出现在100美元的纸币上，他的精神渗透于整个美利坚合众国。

2.
好的人脉不怕麻烦，
就怕没联系

⑧ 遇事靠自己，不是好习惯

在娱乐圈中，汪涵是"人脉王"的名声可谓是家喻户晓了，他不仅仅在娱乐圈结交广泛，就连一些政界名人、商业大佬、王室后裔、科学家、院士都在他的朋友圈里。

几年前，演员刘涛在丹麦参加品牌方的合作，房间里的保险箱不慎被盗，里面装有价值400多万元的珠宝首饰和现金，她向丹麦驻华大使馆求助却屡屡占线，一时间身在异国他乡的刘涛感到极为无助。

她在微博上发帖希望能够得到官方机构的帮助，这时就有网友留言：找汪涵，他和丹麦大使馆熟。

就在觉得求援无望，400多万元眼看就得打水漂时，汪涵看到了帖子，致电了大使馆，成功联系了当地警方，第二天盗窃犯被抓获，保险箱完好无损地被还给了刘涛，并且还向刘涛表达了歉意。

这件事后，网络上讨论得沸沸扬扬，汪涵这位"人脉王"的称号也算是坐实了，人们纷纷感慨汪涵的交际圈已经扩展到了国外。

原来，早在2014年，汪涵在去录制节目"游学记"时，便狠狠地麻烦了之前结识的丹麦驻华大使裴德盛，裴德盛确实也不负所望，汪涵和共同录制节目的天天兄弟游运河时，由丹麦外交部部长亲自当"导游"，在参观美人鱼铜像时，由丹麦王子作陪，甚至他们一道接受了丹麦首相的接见，汪涵还专门采访了这位首相。这一次麻烦了裴德盛之后，汪涵与丹麦外交部部长、丹麦王子相谈甚欢，建立了友谊。

他凭借自己的才华和人品，吸引了各行各业成功优秀的人都与之来往，陈道明、马云、马化腾、梁文道都与他私交甚好，甚至捷克总统也是他的座上宾。

汪涵的人脉圈优质又广泛，无不令人羡慕，这与他多年的经营有关，一开始时他出身并没有这么光鲜亮丽，只是一名在湖南电视台做杂务工作的普通员工，他能够发展得这样好，着实令人惊叹。

娱乐圈里，同样是一步步凭着自己的努力功成名就的人不在少数，而为什么唯独汪涵有着这样的人脉圈和影响力？

原因必定是诸多的，而其中非常关键的一条，正如汪涵所说的：**别怕麻烦朋友。**

早些年，汪涵得了一次肝病，患病期间只能在家休养，病情一直不稳定，有位中医献出一良方，说是需要用九头狮子草的根部晒干研末服下，专门治疗这种肝病。

身边很难买到这种草药，汪涵不得不拜托一位在文山工作的朋友帮忙。那边山林葱郁，药草良多，这位朋友上山找药，又将药洗干净，晒干磨成粉，又用小火烘焙，装进胶囊里才给汪涵寄过来。汪涵见这位友人不辞辛劳地按照工序一步步地将药做好才给寄来，连连感谢。这位友人却说："你能麻烦我是因为把我当朋友，你的事我自然得做好。"

这件事让汪涵恍然大悟，**麻烦别人不会让关系变得疏远，反而让好久不来往的朋友走得更近，如果双方都很客气，不好意思麻烦别人，慢慢也就断了联系。**

之后的汪涵，不怕给人添麻烦，同时也不怕别人麻烦自己，你去麻烦了别人，别人才好意思来麻烦你。汪涵有事麻烦了马云，马云的双十一晚会也就麻烦汪涵来参加；汪涵麻烦了丹麦王子，等丹麦王子来中国时一定得邀请汪涵作陪，**人与人之间的关系就在这一来二去中升温，友谊得以长久，机会也蕴藏其中。**

⑧ 学会求助，不丢人

在传统教育中，人们从小的学习模式就是单打独斗，互相竞争，这造成了很多人遇事喜欢死扛的性格，走入社会后却发现，世界是一张复杂的人际网，一个人的交际圈往往太窄，懂得合作和团队作战的人才能在当今社会夺得先机。

而这需要具备一种往往被我们忽视的能力：**求助能力。**

不求助是一种学生思维，社会不是一场考试，不是一个人默默地去完成一份考卷，然后被人评判你的能力，社会和考场最大的不同就是在社会做事可以去"抄":可以合作共同完成,可以请教别人,可以灵活借鉴,只要是在法律和道德范围内,可以寻求一切手段达到目标。

罗振宇在《奇葩说》里讲道:"莎士比亚的《哈姆雷特》里有位父亲在送他的孩子远行的时候,对他儿子说:'不要借钱给别人,也不要找别人借钱。'这是一个父亲对儿子的嘱托。27年前,我上大学,我的父亲最后对我说了一句话:'爹妈再也帮不了你了,出门在外一定要学会求助。'27年后我觉得,我的父亲比《哈姆雷特》里的父亲更睿智。"

敢于麻烦别人是一种智慧,这是双方走向合作的开始,也是一种处理问题的能力。

向人求助会不会被拒绝?社会学家调查表明,越是富人阶层的人往往越喜欢帮助别人。富人擅长合作,并且喜欢帮助别人,这样说不定某一天有机会可以用到对方,在这方面富人往往显得极为大度,哪怕你现在资历平平。即使没有获得帮助,开口求助也并不是什么丢人的事。

还有一类人私心比较重,看到别人取得了一定成就就开始"眼红",甚至会去搞破坏,这类人不懂合作,更不会真心去帮助别人,久而久之往往会故步自封。

我们都知道温州人善经商,是世界上唯一能够与犹太人比肩的群体,在海内外的生意场上无不透露着温州人的身影,温州人能够在世界上名气大振,不得不说温州人的抱团精神。

在温州有一种遍地都是的建筑叫祠堂,这是旧社会时期的产物,祠堂在全国很多地方的农村还有保留,而温州的祠堂却别具一格,温州祠堂雄伟而精致,每年都会举办祭祖仪式,而远在他乡的族人都会回来举办酒席，互相认识。

这种独特的文化是温州人"强连带"关系网络的体现，表面看，祠堂是为了祭祖，而对于温州人而言，这种文化加强了人们的合作：信息共享，强带动弱，协作共赢。温州一带的人出门在外都喜欢抱团取暖，也懂得向别人求助，形成了一个整体。

相对于那些"窝里横""内斗"严重的地区，只会斗得两败俱伤，而向别人求助意味着双方可以建立合作关系，别人未来也可能有求于你，友好地对待他人，也可能是友好地对待未来的自己，所谓求助，实际上是一种建立伙伴关系的开端，也是互相合作的预备。

我们往往以为独立是成熟的标志，殊不知真正的独立是从学会求助开始的。

如果你还不够强大，不妨学会去求助，如果你足够强大，不妨学会去合作。

⑧ 麻烦你，是给你"面子"

有些人觉得麻烦别人会感到不好意思，甚至会觉得很丢人，是一种没能力的表现，但如果我们来深究一下人们的心理状态会发现，你去麻烦别人，是在给他"面子"，你肯定了他的能力，愿意相信他能够帮助你，这是对一个人价值的肯定，如果事情办成了，对方也会感到很有面子，并且证明了他的能力。

刘关张三顾茅庐请诸葛亮出山讲的就是这个道理，刘备屡次去邀请诸葛亮，去的次数越多，就说明对诸葛亮越是推崇，是对诸葛亮越是赏识和敬佩。

诸葛亮为了报答刘备知遇之恩，鞠躬尽瘁，死而后已。

在生活中，有些人小心翼翼，生怕麻烦别人会被人讨厌，这是一种低自尊和低价值感的表现，这种人往往骨子里带有自卑，总是会生出这些想法：

"麻烦了别人会被讨厌怎么办？"

"开口求助万一被拒绝了怎么办？"

"自己没有什么可以帮助别人的。"

带有这种心理的人，习惯性贬低自己，不喜欢麻烦别人，也不喜欢别人麻烦自己，喜欢活在自己的世界里拥抱孤独。喜欢这样的生活方式，固然没有什么错，但如果你又是一个渴望获得广泛人脉的人，这种心理就显得不合时宜了。

对于这部分人而言，首先要肯定自己的价值，学会爱自己，不要过于在意外界，认为自己有能力帮助别人，这一次我麻烦了你，下一次我还能帮你一个忙。

除此之外，还需要转变看法，不要再将"麻烦"看作是一个贬义词，更不要有"不麻烦别人是一种美德"这种观点，把麻烦别人当作是一种互相交流，共同合作的过程，这是对对方的认可和肯定。

比如我的一位作家朋友，老是不厌其烦地把她写的小说拿给一些前辈看，请求给出一点意见，这些前辈也非常热心，对一些新类型的小说也表现得很感兴趣，时间久了，这位晚辈作家和前辈聊得比较投机，成了很好的朋友，前辈在她写作道路上也提供了帮助，他们就在这思维碰撞互相交流中打磨作品，最终将相对完好的小说呈现给读者。

所以我们说，好的人脉不怕麻烦，而是怕没联系，人与人的关系就是这样，在互相麻烦中结识新朋友，联系旧朋友，互相不麻烦，朋友也就少了联系。

英国诗人约翰·多恩说："没有人是一座孤岛，谁都无法独自而活。我们的人生就是在不断需要彼此中度过。"

人是社会性动物，没有人可以脱离外界独自生活，每个人都希望自己可以被人需要，也希望在自己遇到困境的时候有人雪中送炭，为了得到这些我们首先需要做的就是从自我封闭中走出去。人们往往低估了别人的友好，你需要别人时，别人的心中也会升起一份自豪。

你开始敞开心扉，大胆地拥抱别人，别人一定会回敬你一份温暖。

3.
关系的建立，
都是一种"富兰克林效应"

01.

许多父母喜欢这样教育孩子：没事不要给别人添麻烦，自己能完成的事情尽量自己做。一直以来这种观点成为一种常识印刻在人们的脑海中。

因此很多人渐渐形成一种认识：给人添麻烦不利于双方交往。遇到事情几乎都是自己解决，实在解决不了的干脆选择放弃。

这类人既不喜欢麻烦别人，也不喜欢别人麻烦自己，请别人帮忙时总是不好意思，担心被拒绝或者害怕给别人带来苦恼，别人请自己帮忙时，又会觉得这本是对方可以解决的事，没有必要来浪费自己的时间。

抱有"我不麻烦你，你不麻烦我"这种思想，就可省去很多"麻烦"。

然而这种观点往往只会将自己孤立，很难建立良好的人际关系，诚然，少给别人添麻烦的确是一种良好的品质，但适度请求他人的帮助也是一种智慧的处世之道。

在上文中，我们介绍了富兰克林效应，相比那些被你帮助过的人，那些曾经帮助过你的人会更愿意再帮你一次。也就是说，想要获得别人的喜欢不应该是去帮助别人，而是让他来帮助你，这种心理效应完全颠覆了我们传统的认知，但是如果你仔细观察生活，不难发现这一效应的合理之处。

一个多世纪后，俄国伟大的小说家托尔斯泰对这一效应也深感赞同，他在《战争与和平》一书中也写道："**我们并不因为别人对我们的好而爱他们，而是因为自己对他们的好而爱他们。**"

这也说明了，我们一味地对他人付出，并不一定可以得到他们的信赖和回报，反而因为我们的付出，让我们自己对他们越来越难以割舍，从而深陷其中，如果反其道而行，要使某个人喜欢你，那就请他帮你一个忙，这会让别人感受到被认同和尊重，并且让他为你付出时间，这样能够拉近彼此的心理距离。

02.

1969年，距离富兰克林的时代过去了200多年，心理学家吉姆·杰克尔和大卫·兰迪决定亲自上阵，检验一下"富兰克林效应"在20世纪是否同样适用。于是他们安排了一次知识竞赛，让所有的参与者赢了一笔小钱。

竞赛结束后，一名研究人员向其中一组的参与者们表示：他是用自己的钱来组织的竞赛，现在他没钱了，能否请他们把钱退还给他。

一名秘书向另一组的参与者们表示：这是由心理学实验室赞助的竞赛，现在实验室资金短缺，能否请他们把钱退还。

实验过后，所有的参与者们都被要求填写了一项问卷调查，分别对研究人员和秘书的喜爱程度打分。实验结果证明：研究人员的分数远远高于秘书，而且愿意把钱退回来的参与者，所给出的分数远远高于不愿意退钱者的。

"富兰克林效应"再一次得到了印证，人们往往更加喜欢自己所帮助过的人。

单从逻辑上讲，你帮助了别人，别人一定会对你心存感激，并且能够获得对方的好感，但是人的心理并非绝对理性，"富兰克林效应"却得出了相反的答案，心理学家认为这是由于大脑的"认知失调"所导致的。

如果一个你不喜欢甚至讨厌的人找你帮一个小忙，你不得已之下帮助了他，你就会经历认知失调，因为你的态度和行为是不一致的，你的大脑必须想办法改变这种失调状态。为了让你的认知和行为达到和谐一致的状态，你会改变了你的认知来适应你的行动。

你的潜意识可能会认为，他也没有想象中的坏，有时候也还可以，这样你对他的帮助才趋于合理。

03.

在营销学案例中也有很多有关"富兰克林效应"的案例。

据说，美国有一位净水器公司的老总之前是他们公司的销售冠军，他在员工培训时对他的员工们说："一位优秀的销售员绝不能不懂心理学，你们在推销产品时只会敲开门说，您好，十分抱歉太太，打扰您三分钟时间，我向您推荐我们公司的一款优质的净水器……每次还没说完就会被人'嘭'地关在门外，你们这种推销方法成了一种扰民行为，别人没有报警就已经仁至义尽了。"

下面的员工十分好奇地问："如果是您，您会怎么推销呢？"

这位老总回答道："我会敲开门说，太太您好，我是一名路过的推销员，实在是口渴了，能不能跟您讨一杯水喝呢？

在太太帮我接水时，会与我闲谈几句，我会不经意地谈起我所推销的净水器，如果太太主动问起，我再详尽地去讲解我们净水器的优势，如此一来，我的成功率就能达到80%。"

员工们听了纷纷称赞。

这个案例其实告诉了我们，有时候找别人帮一个忙，能够拉近双方的距离，从而建立起深入了解对方的机会。

在生活中，如果你留心观察，自己与身边最好的朋友，往往一开始就是从互相麻烦开始的，在你来我往的解决问题中增进了感情，当彼此对对方付出的精力和时间越多，感情就越牢固。

利用"富兰克林效应"可以解释生活中的很多事情，比如为什么会哭的孩子有奶吃？

因为会哭的孩子更容易引起父母的过多照顾，需要他们付出大量的精力，从而也就越来越喜欢这个孩子。这也印证了"调皮的孩子得到了一切，懂事的孩子只得到一句夸赞"这个观点。

比如为什么单相思的人会越陷越深？

因为单相思的人总是为对方付出，根据"富兰克林效应"，付出得越多往往会越喜欢对方，最终陷入了一个恶性循环，如果掌握了这个效应，不妨去请求对方帮自己一个忙，也许会有意想不到的效果。

在日常的人际交往中，我们一样可以利用"富兰克林效应"来拓展人脉，比如进入新的班级或者公司，可以适当麻烦一下旁边的人请教一些问题或者帮一个忙，而一段良好的关系往往就因此展开。

当你开始真正明白这一人际交往的心理学原理，你会发现，所有的关系都离不开"富兰克林效应"，掌握它会对你与人相处的能力更进一步。

4.
难以割舍的沉没成本

富兰克林效应中的诸多观点，颠覆了我们传统的认知。

原本我们以为，向他人寻求帮助会给对方添麻烦，容易引起别人的反感，可富兰克林效应告诉我们，适度给人添麻烦不仅不会让双方厌烦，还能够增进彼此的感情。

原本我们以为，天道酬勤，付出一定会有收获，但是人际关系比我们想象中复杂得多，源源不断地付出可能会让对方觉得理所当然，富兰克林效应告诉我们，引导别人为我们付出更能达到预期效果。

这和我们从小所接受的教育似乎有所不同，而这些听起来有些不可思议的结论是如何来的呢？我们就从心理学的角度，解释隐藏在富兰克林效应背后的科学依据。

金融学中有个名词叫沉没成本，指的是以往发生的，与当前决策无关的费用。人们在选择做出一些行动时，不仅仅会看这件事对自己是否有好处，还要看自己是否在这件事情上有过投入。

举个例子，当你花了50元钱去一家从未去过的餐厅吃饭，菜上来以后，你才发现这家餐厅的菜不合胃口，不喜欢吃，这时你可以选择忽视已经花掉的50元钱，换一家餐厅，这50元钱就是沉没成本，但是大多数人都会觉得沉没成本难以割舍，会想着已经付出了50元钱，不如将就吃一顿吧。

当你对一个人付出了精力和金钱，你就会难以将他割舍，因为割舍掉他，你失去的不仅仅是他这个人，还有对自己付出心血的不甘心。就像人们在失恋的时候会难过，其中一部分是对相处多年的另一半的不舍，还有一部分是对自己付出过的情感感到不甘。

这就印证了富兰克林效应中引导对方为你付出，会让他更加珍惜你的原因。

生活中，你有没有感受到这种现象：当你花10元钱买一个玩偶，不如花10元钱在娃娃机上抓到一个娃娃更加高兴。

因为你在娃娃机上付出了心血，你对它的付出越多，你就越珍惜越喜欢。

在社会心理学中，这是大脑认知失调理论中的"心血辩护效应"（Effort-justification Effeet），即**在一件事情上付出越多，对它的态度就会越喜欢**。

一个女生，越难追，男生经历了千辛万苦通过了种种考验，终于追到了这个女生，这时男生对这个女生的评价肯定颇高，因为在潜意识中认为，自己那么努力才得到的人，肯定非常优秀，如果不优秀，那么自己那么多的努力不就白费了？所以大脑会自动将这个女生归为优秀，相反，一个女生特别好追，自己三言两语就把她追到手了，这时大脑会将这位女生归为不那么优秀。所以人们通常认为，女孩子要矜持。

所以我们看，想要引起一个人的好感，就需要让他为我们付出一定的心血，而不是一味地为他付出，就如同富兰克林效应中的原理，**适度麻烦一下别人，让他对自己付出心血，这样既能够与他建立社交关系，也能博得对方好感。**

当然在这个过程中，也需要注意方式方法，我会在下文中逐一讲解。

5.

讨喜的人：
有趣的灵魂万里挑一

⑧ 一定要有个性，别人才会喜欢你

　　丰子恺是个资深铲屎官——在家里惹怒了客人后，让自己的猫卖萌去讨好对方；猫咪离家出走，夸它有名士之风；每天写字、画画、拍照的时候都把猫带在身旁，然后在散文里傲娇地写道："我不喜欢猫。"

　　叔本华一生未婚，爱狗如痴。他的生活极有规律，每天早上7点起床写作，这期间不允许任何人打扰，每天下午4点无论天气如何都准时出去遛狗，附近的居民看到叔本华来遛狗了就知道已经下午4点了，比闹铃还准，由于他对黑格尔颇有成见，就把自己的狗起名叫"绝对精神"。

　　米芾喜欢穿奇装异服，帽子戴得太高进不去轿子，于是让人把轿顶给拆了。他喜欢收集奇异的石头，每天在家玩石头不去上班，最后和石头成结拜兄弟。看上了人家收藏的字帖，想要，于是以死相逼，最后得偿所愿。

　　林清玄有一次走到一个村庄，看到一个小孩子蹲在围墙边，脸上露出非常幸福而神秘的微笑，跑去看看，结果发现小孩子身边放了一个空汽水瓶子，他蹲在那里打嗝，一边打嗝一边微笑，林清玄站在旁边发誓：一定要喝汽水喝到打嗝。一段时间后，林清玄找到机会，提着两大瓶汽水，跑到茅房把门一关，咕噜咕噜喝了一罐，等着打嗝，突然一股气从肚子里冒出，打了一个嗝，原来打嗝的滋味是那么美好。

　　我们深入了解中外名人，就能发现他们大多数都极具个性，正是个性让他们给人留下有趣可爱的印象，一个讨喜的人往往身上散发出与众不同的亮点，而过于中庸的人显得无趣。

　　有个性的人做事更喜欢做自己，不会随大流。

　　我们之所以喜欢这类人，实际上是喜欢他们率真的品质，这种品质不是人人都有，大多数人受环境所迫，只能隐藏自己的个性来适应大多数人的价值观，追求个性可能就是这类人性格中缺失的一部分。

　　一项心理学研究发现，人们对自己性格中欠缺的东西会更加追捧。于是大家在潜意识里都会喜欢有个性的人，准确地说是他活出了自己想要的生活。

　　不卑不亢，特立独行，活出自我，就不会太过在意别人的评价，这样才能够活得自在，发觉生活中的乐趣，这种品质难能可贵，人们的共性是人之为人的标准，而个性才是别人喜欢上你的理由。

⑧ 讨人喜欢的同时做自己

在网上一个帖子里看到一句话：**想要讨人喜欢的同时做自己，就要做到不含敌意的坚决。**

对这一观点，我深有体会。

我有一位同事，刚入职的时候为了显示出融入集体，对每一位同事都笑脸相迎，别人找他帮忙他都很乐意，饮水机上的桶装水需要人来换，他自然"主动请缨"，每天给饮水机换水。

他的这次表现非常成功——在未来的几个月里，饮水机换水就成了他的私活，别人接水时发现没水了，都要跑过来叫他去帮忙换水，好像由他换水理所应当。

时间久了，他在私底下抱怨，自己刚来公司时想要表现自己，让领导觉得自己勤快，但没想到这个换水的活都成他的了，耽误工作不说，每天搬运一大桶水真的很累，而且别人只想坐享其成，从不与他分担这份工作，心理也不平衡。

后来，他放下面子找几个男生同事商量，想要让他们一起和他分担一下，每周轮班换水，但那几位同事嘴上答应了，后面行动上却不给力，这个费事活一直还在他的手上，没人接盘。

一开始他是为了讨人喜欢，但这个"好人卡"从此落在了他的身上，有一天他没有换水，别人就觉得他懒了，但这份工作本就不是他的，换水这件事是小，但是被人当作理当如此就显得比较委屈了。

我身边还有这样一个故事。

一个家境普通的人有个富亲戚，为了讨好富亲戚，他用尽了花言巧语，吹捧奉承。

每到过节，他都会带一点廉价的礼品看望富亲戚，因为他知道这趟不会白来，富亲戚都会给他返还过去一些值钱的礼品。

尝到了好处之后，他就更加巴结富亲戚，富亲戚也经常给他送些蛋奶，但是慢慢地他们一家发现，占了富亲戚的便宜，就得听命于他，在地位上低人一等，甚至这位富亲戚也越来越看不起他们，对他家里内部的事也要指指点点。

这样讨好别人，换来了百十元钱的小便宜，看似沾了光，其实在人际交往上已经丢了体面，用自己的一部分尊严来换取一些零碎的礼品，远远不如光明正大地自己赚钱来得自由舒适。

每个人都希望能够讨人喜欢，但一定需要坚持自我，态度坚决地做自己。**不攀附、不讨好、不顺从，不做别人心中的"老好人"，也不放弃自尊去巴结，待人有着不含敌意的坚决，不失自我的体面，这样的人要比"舔狗"受人尊敬。**

⑧ 自信、乐观、自我的生活态度

这些年来，我曾留意观察过很多人，具有什么样品质的人才会受欢迎，经过不断地观察和思考，我总结出了三种品质：自信、乐观、自我。

曾经我是一个比较自卑的人，对那些从头到脚每一个毛孔都散发出自信的人无比羡慕，那种自信是骨子里透出来的。

自卑的群体非常庞大，他们如我一样，对自信者多多少少都会抱有好感和羡慕，由于自己性格方面的缺失，对拥有不了的东西总是渴望。

　　充满自信的人，就好比身上散发出一道光，明亮而又闪耀，就连接近他的人都会被光芒笼罩，想要成为受欢迎的人，最重要的就是摆脱自卑，让自己自信起来。

　　你觉得一个人在什么时候最有魅力？

　　我觉得是在认真地做自己事情的时候，认真地整理自己的生活，认真地做自己的工作，认真地坐在窗边看一本书……

　　你可以去注意下身边的人认真做事的样子，是不是比平时显得更有魅力？甚至你会因为他的这种专注且自我的样子而喜欢上他。

　　有一个男生在我文章下面的留言引起了我的注意，他说："高中有一次，我女朋友看着在做题的我，拖着腮笑着说，你认真做题的样子真帅。现在回想起来，那一刻我一定是发着光的，坚定且自信。"

　　据我观察，那些活得自我，充满自信，专注于自己的生活的人更容易引起别人的爱慕，他们的生活方式看似有点自私，但总是让人欲罢不能。**恰恰相反的是，那些注意力总是聚焦在别人身上，想办法赢得别人喜欢，尽量满足别人的需求的人，看似善解人意，却并没有那么受欢迎。**

　　最后要说的是乐观，乐观的人将正能量传播给身边人，让人感到放松和减压。

　　喜欢苏轼的人不计其数，很大原因在于他豁达的人生态度，尽管仕途不顺，屡次被贬，但苏轼的生活依旧有趣：被贬黄州，他发明了东坡肉；被贬惠州，他发明了羊蝎子；被贬海南，他狂吃海蛎子……

　　一杯茶，一盘野菜放在眼前，粗茶淡饭，在他看来是"人间有味是清欢"。

贫困潦倒时，苏轼需要去养家糊口买一块田地，中途大雨倾盆，人们纷纷躲避，而他并不躲避，从容淡定，写下诗句："竹杖芒鞋轻胜马，谁怕？一蓑烟雨任平生。"

身处逆境，依旧能在贫苦生活中找到乐趣，自在独行，这种心境让苏轼从宋朝起就一直成为中国人心中的国民偶像，可见豁达者的魅力总是那么让人倾心。

自信、乐观、自我，这三种品质让一个人从内到外散发出吸引人的气质和个人魅力，拥有它们，才能活成照亮他人的一束光，耀眼夺目。

⑧ 远离低级趣味

我经常买一些书读，身边的朋友同事感兴趣的却不多，个个声称我是"文艺青年"。

有一次我买了一本王朔的《我是你爸爸》，结果很扫兴地被一位同事嘲笑一番："啥？我是你爸爸？哈哈哈！"

他放声大笑，有几次见了我他对我喊道："我是你爸爸。"以此为乐，以为自己开了个挺有水平的玩笑，引得周围的人哈哈大笑。

虽然知道他只是开个玩笑，并没有什么恶意，但是让我十分尴尬。他热衷于开这类低级趣味的玩笑，纯粹为了搞笑不分场合，是情商不高的表现。

从一个人的趣味我们可以看出一个人的格调，有观点认为，低级趣味不完全等于俗，俗是一种接地气，尽管不雅，但不会对他人造成影响，而低级趣味往往会让身边的人产生反感。

生活中有一些常见的低级趣味，也许你看了会感同身受：

（1）不合时宜的玩笑。

（2）为捧一个人贬低另一个人。

（3）只会用脏话表达愤怒。

（4）以与人抬杠为乐。

（5）把低俗当风趣。

（6）对快餐式的欲望成瘾。

（7）好为人师。

（8）习惯用下半身思考问题。

（9）爱管闲事。

（10）八卦别人家事。

…………

对于普通人而言，生活既有雅的一面，也有俗的一面，既有阳春白雪也有下里巴人，雅俗共赏才有生活的烟火气，人可以俗，但不要低级，那些一时感觉爽的低级趣味，满足自己口舌之欲，却不知成了人们鄙视链的最底端。

⑧ 拥有被讨厌的勇气

日本作家在《被讨厌的勇气》中说："有人讨厌你，正是你行使自由、依照自己的生活方式过日子的标记。"

　　成熟的一个重要标记就是，意识到人与人之间是不同的，哪怕是最亲密的人，价值观、人生观、世界观都不相同，没有办法让所有人都认同你。如果选择成为真实的自己，那就需要有被讨厌的勇气。

　　当代人有着复杂的人际关系，亲人、朋友、同事、社交媒体……人们被各种观念和要求高度包围，思想也会被外界繁杂的声音绑架，如果你能有意识地自己和自己对话，听听自己内心的声音，就能知道自己内心的渴望，人生苦短，自己没有必要满足别人的期待活着。

　　人不是人民币，无法做到人见人爱。活出自己就别怕外界的非议。

　　人们总是夸赞那些走到哪里都备受欢迎的人，他们在各种场合下都游刃有余，面带春风。然而我却不认同这个观点，人活在这个世界上，想要做到人见人爱不是一件难事，小时候装作文静就能备受长辈喜爱，不断委屈自己成全别人就会被视作懂事，多吃一些亏就被称作好人。你只需要伪装或者妥协，戴上一副面具就能做到了。

　　但是我想人们不喜欢这样的生活，讨厌这些身不由己，讨厌被剥夺自由的权利。我们的苦恼大多来自人际关系，很多成功学书籍都是教你如何讨好上级，如何恰当说话，如何做到中庸圆滑……那些厚黑学的内容只会让你距离幸福越来越远，明明知道自己会被人讨厌，却依旧坚持自我的人，才是真正的勇士，从人际的条条框框中解脱出来，做到真正的洒脱和真挚。

　　要相信："小人物同样有小人物的舒畅生活。"

6.
会"麻烦别人"也是一种高情商

⑧ 别让不好意思害了你

首先说一个前提原则,当我们遇到了问题,首先要自己想办法解决,自己无能为力时,可以借助工具,利用互联网搜索引擎等设备寻找答案,最后实在不行才会张口向人求助。

这时遇到在自己能力之外的事情,学会求助很重要,人们很难靠自己完成一切事情,整合身边的资源来解决问题是一个人能力的体现,而不是一件丢人的事。

很多人不愿意寻求帮助,不好意思麻烦别人,宁愿把解决不了的问题放弃,也不想给别人添麻烦,这种"与世隔绝"的思想本质上是:我不去麻烦你,你也别来麻烦我。

这种思想的确可以省去很多麻烦,日本就是这样的一个社会,每个人都有严格的私人空间,但是在遇到问题时会比较死板。

一个新职工在公司自己很努力埋头苦干，却没能解决问题，而另外一位不懂就去问同事领导，使自己快速掌握了技巧，问题解决的同时也和同事们建立了不错的关系。

在人情社会，不好意思有时会害了你，人脉是互相麻烦出来的，在尽量不给他人造成困扰的情况下，寻求一下帮助，对于双方都是好事情。

⑧ 诚恳地表达需求

你需要麻烦别人时，一定要态度诚恳，明确自己的诉求，礼貌地询问对方是否答应。

在寻求帮助时要用"谢谢你/您""给你/您添麻烦了"等类似的语言表达出自己的感谢，如果对方婉拒了你的请求，也应该表示感谢，并且用"没关系，我再想想其他办法""没事儿，我就是问问，实在不行也没关系"来表达出自己没有因为被拒绝而生气，减轻对方的心理负担，也能缓解尴尬的场面。

切记不能在请人帮忙时还表现得趾高气扬，或者只是在有求于人的时候才表现得态度诚恳，别人帮完或者拒绝了你，你的态度就变得冷漠，这样不会得到对方的尊重，诚恳就是一张名片，与人为善的人哪怕这次被拒绝了，下次有需要别人还会帮你，如果你的态度不好，引起对方的反感，那么今后也很难得到别人的帮助。

⑧ 麻烦别人，要有分寸

评估自己与他人的关系，才能做出合理的请求。有些人做事毫无分寸感，比如喜欢和朋友提出一些过分的要求，让人招架不住，心生反感。

有句老话说："逢人只说三分话，未可全抛一片心。"与人交往讲究距离感，什么关系说什么话，不可交浅言深，也不可做没有分寸的事情。

拿借钱来说，跟一位关系普通的朋友提出借一笔巨款，显然会让对方十分为难。跟朋友借了钱，到了归还日期不还，不解释清楚缘由，也是没有分寸。

电视剧《欢乐颂》中，樊胜美的母亲不断要求樊胜美来供养无底洞的儿子，这是在物质上的纠缠不清，即使身为母亲，也不能毫无底线地压榨孩子，界限感的缺失让樊胜美欲哭无泪，却只能做一个"孝女"承担所有的压力。

与人交往，没有把握好分寸会让人生嫌，不要把自己不当外人，无论是对父母还是朋友，哪怕你们亲密无间，适度的距离感让人在心理上舒适。三毛在《万水千山走遍》中写道："我不问别人的故事，除非她自己愿意。"

把握分寸感，才能让人际关系简单舒服，轻松自在。

⑧ 体现出对方的价值

在你通过自己的努力无法完成时，向他人寻求帮助是无可厚非的，但世上还有另一种人，能让人帮忙的绝不自己动手。

不论是大事小事，他们把请人帮忙当作家常便饭，从来不自己做，老是靠麻烦别人方便自己，一点也没觉得自己给对方带来了麻烦。

有些大学生自己不愿意去打饭，每次都让舍友帮忙捎带，原因只是因为自己懒，时间久了对方会产生反感。

自己力所能及的事一定要自己去完成，麻烦别人是需要消耗成本的，所以一定要恰到好处，最好能够体现对方价值。

这件事你实在完成不了，但是这对他来说是小事一桩，那么帮你解决了麻烦，他心中会很有成就感。

就像某女生自己在家，电灯泡忽然坏了，于是打电话给一个男生请他来帮忙，对男生而言换个电灯泡是举手之劳，但也能体现自己的价值，还能让两个人的关系更加亲密，这种麻烦是有助于双方关系的。

如果习惯性因为自己懒惰，鸡毛蒜皮的小事都要找人帮忙，自己从不努力去尝试，只会打扰到别人的私人空间，利用别人的时间和精力帮你做毫无意义的小事，这种"伸手党"不断消耗人情，心理上还没有负担，在我们看来就非常自私。

⑧ 帮你是情分，不帮是本分

这几年，关于公交车上该不该给老年人让座的问题被拿上桌面讨论激烈，有的人认为，老年人身体弱，年轻人理应让座，这是最基本的道德规则；但更多人认为，年轻人主动给老人让座这是我们所提倡的道德品质，但这并不是强制的，不能对其进行道德绑架，而我的观点是：**我欣赏你让座时的风采，也捍卫你不让座时的权利。**

其实生活中，有很多道德绑架了我们的行为。

因为是亲戚关系，所以帮忙办事就觉得理所应当，如果遭到拒绝就是不近人情。

因为自己年长，就必须让着弟妹，所有的亏都得自己来抗。

因为是"好兄弟"，所以敬酒你得喝，不喝就是不给面子。

我们深受这些道貌岸然的道德绑架的荼毒，你得知道，别人没有义务帮你承担压力，帮你是因为他人好，而不帮不等于他人不好，帮你是情分，不帮是本分。在向人求助时应学会换位思考，在与己方便时也应与人方便，理解他人。

⑧ 麻烦别人，要懂得回报

在中国人的传统文化中，讲究礼尚往来，麻烦了别人要记得感恩，人与人的关系都是平衡的，你帮了我一次，我给你回报，这样在对方心中你才是一个知恩图报的可交之人，有来有往才能留住人情。

我老家有一亲戚，很多年都没联系过，有一天他们一家登门拜访，带来了两只土鸡和一箱土特产，难得大老远跑过来，我们一家热心招待了他们，带着他们去饭店吃饭。

言谈之间，他们表示有事相求，但他的需求我们一家也实在无能为力，告知他们缘由后，婉拒了他们，由于他们的事情没有办成，临走时他们又将两只土鸡和一箱土特产拿了回去。

这件事让人哭笑不得，用到我们的时候才来联系，没有帮忙就把带来的礼品拿走，这样的为人处事，功利心太过明显，今后让人想帮忙都很难。

高情商的人在麻烦别人时，能够做到以下几点：

（1）请人帮忙时，态度要好，可以带上一点小礼品表达心意。

（2）别人帮了一点小忙，也要及时回馈，可以请对方吃一顿饭表示感谢。

（3）如果在重大事情上对你有所帮助，要时常提及，逢年过节时常看望对方。

（4）即使别人帮你没能成功，也要表示感谢。

（5）接受了别人的帮助，在对方需要帮助时自己要尽力相助。

懂得回报和感恩，才能树立良好的口碑，别人对你的付出不会落空，而那些不懂回报的人，希望用低廉的成本获取别人的帮助，觉得捡到了便宜，殊不知既失去了体面和尊重，也失去了别人的信赖。

⑧ 允许被别人麻烦

别怕被人麻烦，当你学会麻烦别人，自然别人也会跑过来麻烦你，被人麻烦的确是一件苦恼的事，毕竟人们都想要无事一身轻松，但是被人麻烦有着非常明显的好处：

（1）别人麻烦你，是相信你的能力，也是表现自己价值的一次机会，可获得成就感。

（2）有些事情对别人来说很难，但是对你来说是举手之劳，被人麻烦相当于对方欠了你一个人情，下次你办不了的事，他说不定可以办到。

（3）在你帮助对方解决问题时，调动自己身边的人脉关系，这样你又可以联络身边的一些朋友，互相来往，形成一个良性循环。

（4）帮助别人时，需要动脑筋，想尽办法完成任务，也是对自己能力的一次锻炼和提升。

（5）事情办好了，对方肯定会对你表示感激，你们的关系会更进一步。

（6）有助于你在整个朋友圈提升威望，赢得他人的信服和敬意。

有句话说：**自信源自一次次成功的经验**。帮助别人也是在为自己积累经验，也能赢得朋友们的点赞，让自己变得更加自信。但是不得不说，帮助人时要量力而行，不能打肿脸充胖子，夸下海口却能力有限比什么都不做更让人看不起。

⑧ 被拒绝了，别往心里去

麻烦别人被拒绝了是很正常的事，面对拒绝人们有两种常见的心态：

> A：他拒绝我了，一定是我不好，故意针对我，是我打扰到他了，早知道我就不去请他帮忙了，自己的事还是得自己完成啊。
>
> B：他拒绝我了，可能是因为这件事太难办了吧，连他都没有办法做到，看来我得再想想别的办法，多找几个人问问。

相对而言，A的心态比较消极，他习惯自动将他人对事物本身的看法看成是他人对自己的态度，从而变得自卑敏感；而B的心态属于就事论事，相对理性，不管对方到底是为什么拒绝了自己，都要再去想办法解决问题，不能因为对方的拒绝，就不再寻求帮助了。

被拒绝是一种常态，如果因为被拒绝就止步不前，那么那些成功人士早早地就被扼杀在了摇篮，学会就事论事，以解决问题的最优解去做事，被拒绝了也没关系，我们不往心里去，这是我们的格局，下次需要帮忙还是会找你。

7.

30个基本：
别让感情，败给相处

⑧ 先肯定别人，再说不同意见

你肯定遇到过总是以"错""不对""反对""不是"开头说话的人，别人表达了一种看法，他总是喜欢用"错"打断，然后说一些自己反对的话，有着这种交流方式的人毫无情商可言，即使他说得再有道理，他的态度已经不想让人再听下去了。

遇到观念不合的情况，试着先肯定别人："你说得也有道理"，然后再发表自己的观点："我还有一种看法……"朋友之间的对话不是辩论赛，态度有时比事情本身更重要。

⑧ 开玩笑把握度，别把伤害当乐趣

　　有些人开了不合适的玩笑，让对方很不愉悦，事后还用对方开不起玩笑来取笑他。可你得明白，玩笑是让别人开心才叫玩笑，让别人不愉快不叫开玩笑。每个人性格不同，敏感度不同，所以你的玩笑别人可能很在意，所谓的情商高就是好好说话，避免开一些不顾别人感受的玩笑。

⑧ 升米恩，斗米仇

　　帮助他人要有限度，要做好人也得有底线。一次小恩小惠别人会感激不尽，但时间久了，源源不断地帮助会让人觉得理所当然，生活中做个老实的好人，宁可自己吃亏，也不麻烦别人，一开始大家都会夸赞，时间久了也会因此被人欺负。

⑧ 不要打断别人跟你讲述有趣的事

　　不要打断别人跟你讲述有趣的事，因为他希望你快乐。善于倾听，哪怕你对这个话题兴趣度不大，对方在与你分享快乐的过程中自己也能得到满足，轻易打断他会让他失望，因为他的本意是希望得到你的认可，有时候虚假地笑一笑会让气氛变得更好。

⑧ 对待朋友，少一些功利性

朋友不仅仅可以在你需要的时候伸出援助之手，更多的是陪伴和情感，抵御孤独并且带给人们快乐，我们常常用"真挚"来形容友谊，是因为朋友之间的真诚相待让我们的生活充实欢愉。如果带着强烈的功利心去交朋友，失去的是这一份"真"，生活也会在强烈的目的性下被功利所绑架。

⑧ 发现别人的优点，并且告诉他

注意发现别人的优点，如果你能够看得出来对方的优点，可以此夸赞他，可能这个优点他内心已经十分清楚，但是你的夸赞能够让他对自己的优点进一步强化，并且认为你是了解他的，一句夸赞既能让对方开心，也能获得对方的认可。

⑧ 与人说话的时候，试着笑一笑

很多人跑来告诉我，自己明明很友善，却常常被人说高冷。于是我注意了他们在与人说话时的表现，即便是他们内心十分友善，但总是面无表情，被人误以为高冷，你只需要在和人说话的时候多笑一笑，立刻就能给人带来和蔼可亲的印象。

⑧ 恩威并施更受尊敬

学校里，太过仁慈的老师管不住学生，太过严厉的老师得不到学生的欢迎，恩威并施的老师往往备受尊敬。生活同理，人们喜欢欺负老实好说话的人，不喜欢不苟言笑的人，恩威并施的人既不好说话，又不过于死板，反而更受尊敬。

⑧ 及时表达出自己的不满

不要不好意思表达自己的不满，当别人让自己不舒服的时候，要委婉表达出自己的真实想法，不要憋在心里，时间久了自己积怨，别人却毫不知情，表达出自己的不满反而更有利于解决当下的问题。

⑧ 圈子不同，不必强融

每一个人的性格、爱好、三观皆不相同，找到适合自己的圈子仿佛如鱼得水，在这样的圈子里没有偏见和歧视。而那些与自己性情不同的圈子，强行融入只能抹去自己的个性，最终得不偿失，"道不同不相为谋"就是这个道理。

⑧ 花钱就能解决的小事，不要透支人情

自己轻而易举就可以解决的小事，没有必要叨扰别人，尽管我提倡好关系是麻烦出来的，但是不能为了麻烦刻意麻烦，要体现出对方的价值，那些事事都不愿亲自动手，因为自己的懒惰而麻烦别人，是不提倡的。

⑧ 去别人家做客，别乱翻东西

去别人家里做客，乱翻别人的东西，不仅会侵犯别人的隐私，还显得极其没有教养。如果是关系一般，就不要乱碰别人的东西，如果关系比较好也要经过对方的同意。

⑧ 与人吃饭时别翻菜或者发出声音

和朋友在饭局上吃饭，别的方面都可以随意一些，唯独需要做到不乱翻菜，吃饭时不发出声音，这体现了一个人的修养和习惯。

⑧ 去朋友家吃完饭，帮他整理桌子和碗筷

在去朋友家做客或者聚会时，朋友准备了一桌饭菜款待你，吃的时候其乐融融，但是吃完饭收拾碗筷打扫卫生是一件烦心

事，一定要主动帮助朋友整理桌子和碗筷，别让朋友一个人承担欢愉后的负担。

⑧ 别对人性抱有太高期待，允许别人犯错误

人非圣贤，孰能无过？每一个人都有自私、趋利避害的一面，多多少少都会犯错误，不要觉得犯错误是一件可怕的事情，也不要对他人有着过高的要求和期待，很多时候不是你看错了人，而是你把人性看得过于美好，对于那些普通的小错误，得饶人处且饶人。

⑧ 别看一个人怎么说，要看他做了什么

很多人依靠花言巧语就能在各种场合游刃有余，凭借一张巧嘴换取大笔财富和信任，但是如果总是被漂亮话忽悠是极为愚蠢的。古人云："知人知面不知心。"你不能看一个人说了什么，要看他做了什么，行动上做的才是他内心真实的想法，都是成年人了，别想着拿着一把假钥匙，就能打开谁的心。

⑧ 好关系是麻烦出来的

好关系是麻烦出来的，从不麻烦别人，失去的是与人交往的

机会，人活于世，不过是今天我麻烦麻烦你，明天你再麻烦麻烦我，在互相麻烦中建立长久的友谊。一味地付出换不来回报，引导对方付出可能更有用。

⑧ 精简朋友圈

你无法改变别人对你的看法，当代社会不再是熟人社会，完全可以通过不断筛选来优化朋友圈，对于三观不合的人没有必要去迎合，对于不喜欢你的人没有必要去顺从，只需要不与他们来往就能轻松化解，朋友相处讲究志趣相投，精简朋友圈别为合不来的人浪费太多精力。

⑧ 得到朋友的帮助，要懂得回报

千万不要吝啬一顿饭或者一份小礼品的钱，与人交往要懂得回报，哪怕东西再便宜也是一份心意，得到别人的帮助要表达感激之情，吃了别人的饭也要学会回请。不要为了一点蝇头小利丢失了在人际圈中的体面，你的每一次回报，别人都看在眼里。

⑧ 保持自信的前提是别太在意别人怎么看

过于在意别人的看法，总是想着怎样才能让对方认同，拥有这个想法的人会变得小心谨慎，处处在乎外界的说法，并且不断否定自己内心最真实的想法，长此以往就会变得自卑，想要变得阳光自信，首先要抛弃枷锁，活得自我一些。

⑧ "多人游戏"中照顾"第三者"的感受

有些时候三个朋友一起出去玩，其中两个聊得热火朝天，把第三个人冷落在一边，第三个人完全插不上话，显得十分尴尬，显然这两位朋友没有顾及"第三者"的感受，如果其中一人情商较高，一定会在中间笼络照应，让三个人都能参与进来，就能让氛围变得其乐融融。

⑧ 一定要替朋友保守秘密

得知别人的秘密其实是一件很纠结的事，说出来以后，就觉得舒畅了，可这样出卖了朋友，对他造成了伤害，自己成了背信弃义之人，从此也就再难获取别人的信赖。

⑧ 和人吵架别把话说绝

和朋友产生矛盾在所难免，生气时也应注意尺度，别只图一时心直口快把话说绝，有的人一吵架就喜欢把对方的缺点和自己的不满全都数落一遍，事后再去道歉挽回这段关系，和好容易，如初太难，一次决绝的语言可能让一段关系再难破镜重圆。

⑧ 努力提高自己，别嫉妒别人优秀

人最快意的生活方式是，该努力的时候奋力拼搏，该疯狂的时候尽情玩耍，不必嫉妒别人拥有什么，也不要刻意追求虚无缥缈的东西，对优秀的人表示欣赏，对落魄的人也不必轻视，做好自己的事，用心关注自己的生活。

⑧ 少花时间在网络上和人斗智斗勇

你无法在网络上说服任何人，在网上和不相干的人逞口舌之快实则毫无意义，最终谁也无法将谁说服，还惹一肚子气，与其在网上与人斗智斗勇，不如回归现实，把精力用在生活和赚钱上。

⑧ 如果不想和一个人深入交往，就对他客客气气

客气是与人保持距离感最好的方法，既显得大方得体，又不与之过分亲密，如果你对一个人并无好感，不需要对他使脸色，只需少来往，保持客气即可。

⑧ 经常和老朋友们打个电话

老朋友身上带有自己的印记，人生几十载，除了那些老照片外，还有朋友脑海里保存了我们当年的样子，朋友如酒，愈老愈香醇。不管距离有多远，给那些还保持联系的老朋友每个月打个电话是我一直保留下来的习惯，聊的多是家长里短，生活日常，可就是这种细水长流的感情，更能让人体会人间烟火和股股暖意。

⑧ 别高估自己在别人心目中的位置

在这个世界上，受了伤舔舐伤口的只有自己，所有的痛最终还是自己承担，即使有人帮助，有人同情，收拾残局的还是自己，永远不要高估自己在别人心目中的位置，永远不要把别人作为精神支柱，自立自强才能让自己强大和充实。

⑧ 严于律己，宽以待人

改变自己远远比改变他人容易，对自己严苛一些，因为你想在为人处事中做到问心无愧，对别人宽容些，因为希望越大，失望越大，最终困扰到的还是自己。

⑧ 君子之交淡如水

　　与人交往，心胸坦荡，毫无戒备，轻松自然，无须谦卑。珍惜那些时隔多年依旧留在身边的人，他们身上已经留下了我们自己的痕迹；祝福那些已经远走高飞的人，人生旅途走走停停，每一次经过都是风景。

Two

别让不好意思，
错失有效人脉

1.

拒绝敏感者：
克服被拒绝的恐惧

你是否有这样一种心态：

因为害怕被拒绝，所以选择了什么都不做。

想邀请心仪的人约会，想问一位朋友借钱，想争取一份工作，想表达自己的意见……但都因为害怕被拒绝，给自己一个看似合理的借口——反正可能性也不大。于是不了了之。

害怕被拒绝，本质上讲是不自信的表现，因此也失去了很多的机会，我们把这类人称为"拒绝敏感者"，《中国健康心理学杂志》中讲道："高拒绝敏感者在与他人的交往过程中，担心自己是否会被他人所拒绝，对他人可能的拒绝存在焦虑性的预期，预先认为别人会拒绝自己的要求。"

当被拒绝时，拒绝敏感者觉得自尊心受到了伤害，而对于人际关系中那些模棱两可的社交情景，拒绝敏感者更能察觉到自己被拒绝，从而产生生气、沮丧的情绪，为了防止丢面子，就产生了逃避的想法，为了不被拒绝，哪怕选择什么都不做。

我们究其原因，心理学人际关系理论认为，早年父母不正确的行为给孩子传递了不恰当的拒绝信号，比如独断专制的教养方式，拒绝孩子的合理需求，从而导致孩子遭到外界拒绝时会更加沮丧。比如早年生活在没有安全感的环境之中，父母经常争吵、家暴，在缺乏安全感的环境下成长的孩子往往过度敏感、自卑、自尊心极强，面对拒绝就会感到无地自容。

对于拒绝过度敏感，不仅仅让我们错失非常多的机遇，也导致我们在人际交往中产生厌倦、抑郁的情绪，影响人际交往的质量，因此做出一些改变是非常有必要的。

⑧ 从拒绝别人做起

你一定体验过被人拒绝的尴尬和失落，而拒绝敏感者会将这一情绪放大化，他们觉得被拒绝是一件十分痛苦的事情，当别人过来请求他们帮助时，为了不给他人带来痛苦，他们往往就不会拒绝——哪怕委屈自己也不好意思拒绝别人。

抱有这样的一种心态只会让自己陷入纠结，这是将拒绝妖魔化的心理，其实拒绝只是人生常态，每个人都会拒绝他人，也会遭到他人的拒绝。

学会拒绝是杜绝害怕被拒绝的开始，当有人来找你帮忙，在你能力有限的情况下要拒绝对方，这时你的拒绝是合理的，只要你能够注意拒绝时的方式，尽量委婉一些，表达清楚自己的处境，别人也不会因为你的这次拒绝而疏远你。

　　当你可以自如地拒绝别人，你会发现拒绝并不是一件可怕的事，你会尽量想要对别人有所帮助，但是当时的情境或者能力导致了你无法满足对方的诉求，于是你选择拒绝他，你的拒绝没有丝毫的贬义，而在生活的大多数情况下，你被别人拒绝时，别人心里也是这样想的，他们的拒绝也都没有什么恶意。

⑧ 养成就事论事的心态

　　平时我会和朋友辩论，有时激烈到火花四溅，在外人看来我们像是在吵架，其实辩论完我们又会开心地去喝酒。

　　因为我们的辩论是就事论事，而不是针对某个人。

　　有一些人总喜欢"人事不分"，当自己被拒绝时，别人拒绝的是"事"本身，而他们却会想成是因为针对他本人，是因为对自己心怀不满或者自己不招人喜欢。

　　这种想法很多时候是无中生有，自己给自己带来不愉快，在男女相处的过程中，这一矛盾十分常见，比如一个男生因为有事拒绝了一个女生的某个要求，这个女生会想：他不爱我了。这就不是就事论事，而是就事论人，男生是因为"有事"拒绝了女生的"要求"，这位女生理解成了男生将"有事"作为借口，拒绝了女生本人。

　　所以，养成就事论事的心态就是去除"脑补"的过程，用理性的思维去看待人际关系，如果一个人当真是因为讨厌你而拒绝你，我们自己只需要就事论事，问心无愧，那也没有什么好可怕的。

⑧ 外向归因解决拒绝敏感

斯坦福大学劳伦斯·豪（Laurens Howe）等心理学家在研究人们对拒绝时的反应的过程中，发现一类人倾向于内向归因，他们将被拒绝的原因和自身联系在了一起，被拒绝后他们不断反思自己的缺点，认为是自己不够好才遭到拒绝，他们往往会有类似的想法：

> "是我太内向了，所以他们才不喜欢我。"
> "我真的不适合拥有爱情，永远得不到幸福。"
> "我没有能力，太过懦弱，对于别人并没有什么价值。"
> …………

虽然反思自身的问题不是一件坏事，但过于质疑自己会变得自卑，无视自己的价值和优点。

另一类人则倾向于外向归因，当被拒绝时，他们显得更从容一些，被拒绝是一件再正常不过的事情，不是自己可以控制的。

我们没有办法去控制别人的想法，也不能让所有的人都喜欢自己，每个人都有自己不同的喜好，所以我们无法满足所有人的要求，我们从小受到的教育，都是从自身找问题，这并不完全正确，无法抗拒的外界客观事物也能决定人的一生，因此，在面对拒绝时，不要只认为是自己的原因，学会外向归因，你会轻松很多。

⑧ 提高对方的心理阈值

想要提出一个要求，又怕被拒绝怎么办？行为心理学中的一个方法十分有效：**提高对方的心理阈值，根据人的行为心理，降低被拒绝的可能性。**

比如说，张三想让妈妈给自己买一部小米手机，又担心被拒绝，于是他就想了一个办法：向妈妈提出要一部苹果手机，说苹果手机功能强大，颜值高，而且拿出去很有面子。

果不其然，即使死缠烂打，妈妈还是以价格太贵，不要爱慕虚荣拒绝了他。于是张三显得极为失落，并且向妈妈妥协：既然不给我买苹果手机，买性价比高的小米手机总可以吧？

这次妈妈看他妥协了，不好意思再次拒绝，就同意给他买一部小米手机。

一上来，张三提出非常高的要求，让他妈妈有了一定心理准备，再提出相对低一些的要求就会显得更加合理。

一位商人按100元的单价批发了一批裤子，对外零售时商人将裤子标价为一条250元。实际上只要以一条150元的价格卖出商人就很满意了，之所以标价高是先给买家一个价格预期，大多数人会将50元砍去，200元购买，即使是很会讲价的老买手，也不好意思拦腰砍价，最终以150元的价格成交，商人也有着不错的利润。

在职场中，有的领导想要某位职员完成100万的业绩指标，会先要求员工完成200万的指标，这可能超出了职员的能力范畴，职员很可能会讨价还价，这时再让他完成100万的指标他就不好再拒绝了。

鲁迅在《无声的中国》里写道："这屋子太暗，须在这里开一个窗，大家一定不允许的。但如果你主张拆掉屋顶，他们就会来调和，愿意开窗了。"

这种心理不仅仅存在于中国，它是全人类的心理现象，利用这种心理提高对方的心灵阈值，向对方提出一个过高的要求，再去提出一个自己想要的要求，运用好这一策略，对方也不好意思拒绝你。

⑧ 转变心态，不以获得接纳为目的

当你向别人争取一件事情时，你是否会将获得接纳作为目标？

比如：参加一次面试，将获得公司的offer（录取通知）作为目标；参加一次比赛，将获得冠军作为目标；寻求朋友帮助，想着对方一定要帮忙。

对于拒绝敏感者，如果以获得接纳为目标，一旦没能获得成功就会产生巨大的心理落差，打击了积极性，长此以往就成了恶性循环。

因此，学会转变心态，不以获得接纳为目的，不需要太强的功利心，而是将个人体验作为目的，即使被拒绝，没能取得想要的成绩，但也能够在追求自我的体验中获得成就，完整地去表达自己的态度，在展示自己的优势中获得提升，这也是一种生活目标。

有很多事，我们去做了，不一定会达到预期的结果，但去做的过程本身就是一种阅历，而这些阅历也增加了我们被拒绝的勇气。

⑧ 抱着被拒绝100次的心态去做事

我对TED演讲中的一位演讲者印象深刻，他叫蒋甲，这期演讲中他的主题探索了很多人都害怕的领域——拒绝。

小时候，蒋甲经历过在众目睽睽下被拒绝，因此困扰了很多年，于是他做了一系列大胆的尝试：

在马路上向陌生人借100美元；

在汉堡店里向店员提出"汉堡续杯"的要求；

捧着一束花去陌生人家里，询问是否可以将花种在他家里；

对不认识的大学教师提出，帮他上一节课；

…………

这些疯狂的举动自然也招到了无数次拒绝，被拒绝了100次后，世界开始对他说"yes"，被拒绝也没有什么大不了的事，他从此不再惧怕被拒绝。

我在上大学时兼职去发传单，当我将传单递给路人时，有的路人并不搭理，匆匆而过，一开始我心里并不好受，于是我降低了心理预期，抱着会被拒绝的心态去发传单，哪怕被拒绝也在意料之中，心里也就平静了很多。

后来生活中，我抱着被拒绝的心态去做事，哪怕知道会被拒绝也要尽力一试，而惊喜往往藏在不经意之间。

　　想要克服对拒绝的敏感，除了这些理论知识，最重要的还是厚着脸皮去尝试，抱着被拒绝100次的心态去做事，直到对拒绝麻木，才能够真正放下那些虚无的面子和虚荣心，走向成长。

　　拒绝敏感者，并非无法改变，我们需要抛弃被拒绝后"我不行"或者"他没眼光"这类想法，以积极的心态看人，以自爱的心态看我，不断尝试，不断探索，在这个复杂的世界简单地去生活。

2.
摆脱社交焦虑，
别把交往当负担

01.

你有没有经历过这样的心理体验：

在会议上，领导让你发表一下你的看法，你总是感觉战战兢兢，生怕自己说得不好会被同事们嘲笑。

在公众场合发言，会出现情绪紧张、身体发抖、脸红心跳、说话口吃等现象。

在理发店里，面对发廊小哥的办卡推销，一方面自己不想办卡，一方面又不好意思拒绝，在拒绝时感觉到内疚和紧张。

一个人走在大街上，总是浑身不自在，觉得别人都在用异样的眼光看你，当被人注视时就会觉得自己哪里出了问题。

为了避免与人正面冲突或者当众讲话，害怕成为众人关注的焦点，社交焦虑者往往会逃避社交，回避冲突，将社交看作一项可怕的事情，对于没有社交焦虑情绪的人而言，这些都是轻而易举手可以做到的小事，但是对于社交焦虑者来说，在公共场合表现自己是一种"灾难"。

社交焦虑到了一定程度就会变为社交恐惧，会严重影响到一个人的社交和生活，在恐惧心理下，会变得更加自卑，脱离社会人群，久而久之成了恶性循环，但一旦能够突破自我，纠正社交恐惧心态，人生就会如鱼得水，豁然开朗。

在日常生活中，你可能根据自己的行为表现，可以初步判断你自己有社交恐惧症，但往往不够准确，轻微的社交恐惧只是情绪问题，而严重到影响生活质量的社交恐惧症是一种心理疾病，所以我们需要采取科学的方式对自己的心理情绪做初步判定，更好地了解自己。

我们先来看一组心理学量表——李波维兹社交焦虑量表（Liebowitz Social Anxiety，LSAS），这是哥伦比亚大学精神病学家Michael Liebowitz（迈克尔·李波维兹）编制的一套社交恐惧症自测表，测试结果和临床诊断具有较高的一致性。

根据自己的真实情况，分别对以下情景中自己的恐惧和回避程度打分：

恐惧或焦虑程度：无=0分，轻度=1分，中度=2分，严重=3分

回避程度：从未（0）=0分，偶尔（1%-33%）=1分，经常（34%-66%）=2分，总是（67%-100%）=3分

最终将恐惧或焦虑程度与回避程度的分值相加，共计144分。

1. 公众场合打电话。

2. 参加小组活动。

3. 公众场合吃东西。

4. 公共场合与人共饮。

5. 与重要人物谈话。

6. 在听众前表演、演示或演讲。

7. 参加聚会。

8. 在有人注视下工作。

9. 被人注视下书写。

10. 与不太熟悉的人打电话。

11. 与不太熟悉的人交谈。

12. 与陌生人会面。

13. 在公共卫生间小便。

14. 进入已有人就座的房间。

15. 成为关注的中心。

16. 在会议上发言。

17. 参加测试。

18. 对不太熟悉的人表达不同的观点和看法。

19. 与不太熟悉的人目光对视。

20. 在小组中汇报。

21. 试着搭识某人。

22. 去商店退货。

23. 组织聚会。

24. 拒绝推销员的强制推销。

自测表总分数144分，根据实际情况设想上述场景，尽量清晰还原在相应情况下的真实情绪和行为。

0~30分：无社交恐惧症。

31~60分：轻度社交恐惧症，需要适度调节心理。

61~90分：中度社交恐惧症，建议咨询心理医生。

91~144分：重度社交恐惧症，应尽快向专家咨询进行诊断。

最终你得了多少分呢？如果你只是轻度或者中度社交恐惧症，这篇文章或许能够给你带来帮助，但如果你是重度社交恐惧症，那么一定要去正规的医院进行医学治疗。

02.

在心理学范围里，对社交恐惧症的根源不同学派有不同的说法，无论是遗传还是后天环境都是社交恐惧症的产生因素。

我们最常见到的社交恐惧情绪是由个人心理认知偏差和成长环境造成的，比如一个人从人格上表现出的特征为：极度敏感、内向、缺乏信心。这类人在思考方式上具有高度的自我关注度，过于在乎别人的看法，担心因为自己造成对他人的困扰。

中国科学院心理研究所有论文研究认为，歪曲的认知是"社交恐惧"的核心特征。秉持"社交恐惧"的人看似不喜社交，实际上非常在意自己在他人面前的表现。

首先，这样的认知高估了他人对自己的关注程度；其次，这样的认知不够客观准确，社交焦虑者往往夸大了自己的小错误带来的影响；最后，社交焦虑者对他人负面或中性的社交线索过于敏感。

从成长环境上讲，父母对孩子的过度保护和过分控制，父母婚姻的冲突等原因都会使人变得自卑、焦虑，从而引起社交恐惧心理。

可以想象一下，在一个人成长过程中，做错了事，得不到鼓励，父母还会劈头盖脸一顿臭骂；做对了事有进步了，父母也不会表扬，得不到肯定，甚至还会拿别人家的孩子进行对比，父母的这种教育方式出发点是想要严格要求孩子，但同时会使孩子产生自卑心理，得不到认同感和安全感。

在家得不到认同时，他的心里就缺乏他人的认可，走到社会中，他会过分关注自己在他人心中的形象，哪怕别人完全没有针对自己，也会觉得像自己犯了错一样，比如给别人发微信消息时，别人没有及时回复，就会猜测是不是因为被讨厌了。

被领导说了一句，就觉得自己在领导心目中的形象破碎了，开始郁郁寡欢。当众讲话时，格外害怕，担心自己会出丑，渐渐地这种内心丰富的情绪成了玻璃心，关注别人的一举一动，生怕别人不认可自己。

反观那些从小生活环境优越，在父母鼓励式教育下成长的人，在面对社交时常常表现得非常自信，甚至有一些自我，小的时候他们绝不是习惯躲在角落里的小可怜，常常通过动作、声音来引起大人们的注意，长大后他们依旧热衷于表现自己，享受成为人们视觉的焦点，对这类人而言，社交恐惧是一件难以想象的事。

03.

在美国，社交恐惧症被列为仅次于抑郁症和酗酒的第三大精神疾病。日本为了避免社交恐惧患者与人进行接触，人性化地将很多餐厅设置成自助点餐，取餐时也会用隔板挡住服务人员。可见社交恐惧对人影响巨大，难以治愈，如果你只是轻微的社交恐惧，依旧不可小觑，仅仅停留在"知"的层面上不足以改变生活，更重要的是"知行合一"，下定决心，从行为上做出改变。

（1）突破现状，进行自信心训练

尽管学术界对社交恐惧的缘由存在争议，但大部分研究表明，自卑和高自尊有着密切联系，这种对自我在别人心目中的认知偏差其实来源于生活实际，自卑的人往往对自己的现状感到不满，摆脱社交恐惧就不得不从进行自信心训练开始做起。

要从自己的外在形象做出改变，人与人最直观的接触就是外在，一个外在气质清爽干净的人能够提高在别人心中的好感度，对自己外在的不满意是引发自卑的重要因素，你需要从着装、皮肤、发型、身材、卫生等方面做出改进，把钱投资在自己身上，花时间护理自己的皮肤，学习穿搭技巧，增加运动时长，减脂健身，保持好个人卫生，个人形象不一定多么帅气或美貌，但要提升个人品位，做到清爽干净不油腻。

自信来源于成功的累积，尝试和不同的陌生人聊天，你会发现大多数人都很热情，你可以在去做某一件事之前做好最坏的打算，事情发生时你会发现自己预想到的可怕的情形并不会出现，当你的尝试取得了成功，要对自己进行心理暗示，告诉自己能行，社交没有想象中可怕。

如果当众讲话对你来说依旧很困难，你可以练习和自己最好的朋友发表自己的见解，逐步将这一套熟悉的说辞讲给普通朋友，再到刚刚熟识的人，从一两个人再到三四个人，想要摆脱恐惧没有什么特效药，只能一点点地去行动，最终至少要做到在一个小团队中，你可以自如地发表看法，不再畏惧别人的眼光。

尝试自己从未敢涉足的领域，你需要认清现实，人的自卑不是空穴来风，它反映了你自身的不足，在成长过程中你一定有一些不敢涉足的领域，比如说英语、拉单杠、当众讲话、学游泳……

将它们用笔记本记录下来，这些你曾害怕的事情正是你的弱点所在，你需要逐个去克服它们，只有正视自己内心深处最害怕的事情，才能训练自己的自信心，按照这种方法慢慢地去面对，哪怕一个月只成功了一点点，迟早有一天你会变得富足强大，一开始肯定非常难，但是只要能够坚持克服，你的内心就会感觉到极大的充实和满足。

（2）从回避到面对

你计划和朋友们一起出去旅行，但快要出发时又觉得出远门很麻烦，还要接触很多人，不如在家里舒舒服服地看电视剧，于是就想改变主意。

一旦到了要做出行动或者改变时，立刻就会想到回避，习惯回避是因为只要用一句话拒绝了这件事，就会回到舒适区，变得轻松愉快。

回避是一件低成本的事情，当遇到问题时，回避要比努力解决问题省时省力，长此以往就会把自己关在一个牢笼里，不去接触世间万物是最轻松的生活方式。

然而我想说的是，当你内心的小恶魔冒出来，告诉你可以回避，回避后又是轻松的生活时，你要坚定地消灭它，看似回避更加高效，其实它禁锢了你的社交圈，让你变得孤僻、寂寞、冷淡、阴郁。

从回避到面对，需要一定的勇气和自制力，有很多时候，社交焦虑者会夸大事情的严重性，在心中反复预演严重的后果，为了避免冲突，于是选择了回避，问题不会因为回避就消失不见，当你不去解决它，它还会以另一种形式存在，一直对你产生困扰，而面对生活就是面对懦弱的自己，解决问题就是为了成为生活的强者。

（3）认识自己，杜绝完美主义

当你想要做一件事情时，你总是会觉得时机不够成熟，自己还不够完美，这件事情就因此往后拖延，最终事情依旧没有得到改变。一直执着于自己的缺陷，因为自己的不完美而感到自卑。

精神科医生弗雷德里克·方热在《从自我苛求中解放出来》中讲道："要被别人喜爱、欣赏，要成功，你应该表现得有意思，值得关注，清晰流畅地表达自己，有问必答，在这个男人面前展现你的女性魅力和智慧，像个无所不能的女超人；在这个女人面前展现你的男人本色，风趣幽默，懂得逗她开心。"

实际上，诸如此类"必须达到"的要求对应着我们给自己设定的种种法则，我们屈从于这些法则，却从来都没想过它们是否适用于我们正在经历的境况，而这些正是我们生活中很大一部分苦恼的根源。

每一个人都不完美，十全十美是上天的尺度，那些不完美也造就了独一无二的自己，它们也许并不是我们的敌人，而是我们的朋友。

我们生活中极大的痛苦来源，是不断纠结于适应种种规则，完美主义者是对自己的不认可，是对失败感到恐惧，而自信却是接受自己的不完美，接纳自己的优点和缺点，感谢自己不完美，真正内心强大的人明白，想要进步必须经历失败，不完美的自己依旧拥有家人、朋友的爱戴，因为自己无可替代。

（4）与社交恐惧和平共处

我们知道，现在有很多无法治愈的疾病，比如高血压，但人们只需要控制好血压在标准血压值的范围内，即使有高血压这种疾病，依旧不影响生活质量。

如果你的社交恐惧不是特别严重，也可以认同它的存在，我们都知道改变一个人的性格不是一件容易的事，如果你觉得你可以和它和平共处。

仔细想想，社交恐惧会被人说性格内向、羞涩、不合群，但是这又能怎么样呢？每一个人都有自己的个性，拥有选择自己舒适的生活的权利，我们的社会应该对社交恐惧患者多一些包容和理解，顾及他们的心理感受，现实生活中，的确有大量的社交恐惧症患者没有克服社交恐惧依然以自己的方式生活着，他们在人群中的比例并不算低，在减少了社交后享受独处的时光和乐趣，简化社交场合，只和一小部分人来往。

当然，如果你依旧被社交恐惧所困扰，还是建议你在行为上改变自己的同时，向心理咨询师进行咨询，不要因为社交恐惧连心理医生都不敢面对哟。

3.

移情沟通：
让表达更有感染力

⑧ 你真的听得懂别人的话吗？

你有没有注意到，在人与人的沟通中，存在着理解偏差。

你的内心明明有多个想法，但是在表达的一瞬间忽然词穷，好像无法将内心想法通过言语表达出来，而你的心声、你的表达、别人的理解三者不在一条线上，就会造成误解。

假设你在跟你女朋友讨论家里是要买一款价格适中的美的冰箱，还是买一款价格昂贵的西门子冰箱。

你说："我觉得现在国产的冰箱已经做得非常好了，而且冰箱本身技术门槛不是很高，买一台价格便宜些的比较划算。"

女朋友表示："西门子的冰箱质量好，尽管看起来比国产的贵一些，但是用起来性能更好，而且冰箱可以用好多年，没有必要省这几千元钱。"

"可是几千元钱，我们可以再买一台笔记本电脑了，西门子冰箱实在太贵了，性价比并不高……"你把声音抬高了。

"你是不想花这个钱买吧，为了这点小事还需要讨论那么久，你是不是不爱我了，你要是已经不喜欢我了，那就分手好了。"女朋友已经开始生气。

你看，本来是在讨论该买一台什么样的冰箱，到后面成了"你到底还爱不爱我"的论调。男生讲的是理性，女生讲的是态度，女生更在意的是男生的语气语调，以及是否满足自己的需求，男生更在意的是如何买到高性价比的产品。

在同一件事情上，不同人的关注点就不一样，每个人都在表达自己在意的东西，对别人内心的真实想法却无法感知。

很多时候，你否定别人的观点时，别人会错误地理解成你在否定他本人。

对大多数人而言，所掌握的词汇量和表达技巧不足以表达内心，而极具洞察力的人却可以通过表象捕捉到对方的真实想法。同时，他们的表达能力同样很强，在察觉到对方内心想法后，就可以根据对方的意思调整自己的语言，从而达到自己的目的，我们将这种能力称为移情沟通能力。

⑧ 考虑对方的心理感受

你和你的朋友一起去逛街，夏日炎炎，阳光明媚。

这时你们路过一个便利店，你的朋友跑进去给自己买了一瓶水，这时你是什么样的心理感受？

如果这时你也想喝水，然后再进去给自己买一瓶会觉得不好意思，如果你的朋友在进去买水时问一下你要不要也喝一瓶，或者直接买两瓶水递到你手上，是不是心里会舒服很多呢？

这个例子不是个例，我遇到过不少这样的人，甚至还遇到过三五个人一起出去玩，他让我们先走，直接一个人到了便利店买了一瓶可乐，当然这不是要求你必须给别人买水，而是吃独食的行为非常容易拉远人与人之间的距离，还会落下不会办事的话柄。

一般情况下，如果我和别人一起逛街，我会问他渴不渴，或者直接喊他去便利店自己挑一瓶，当你口渴的时候要想到你身边的人也可能口渴了，一瓶水虽然不值多少钱，但是口渴却并不是舒服的体验，一瓶水能够缓解一身的疲累，更能拉近你与朋友的关系。

之前一位朋友拉我陪他逛街买衣服，本来我们两个在商场里有说有笑，中途他碰到一个熟人，我本来以为他上前去打个招呼就走，谁知道两个人聊起来了，从工作聊到家常，从对象聊到未来……

我就很尴尬地在那儿站着，因为我并不认识对方，对方只是问了句这位是谁，就依旧没完没了地和我这位朋友拉起了家常，我在那儿显得很尴尬，站也不是坐也没地，竟然足足等了他20分钟，就在我提出要求说，我先到附近逛逛时，朋友才回过神来，表示要和我一起去，这才和那位熟人道别。

这位朋友就是典型的共情能力不高，他做出一种行为时，体会不到身边人的感受，自顾自地想着自己的表达欲。如果你和朋友一起逛街时，碰到了你朋友不认识的熟人，你需要想到你朋友不认识他，在一起聊天会比较尴尬，为了避免尴尬，你只需用一分钟时间和熟人打个招呼寒暄一下，表示下次有空再一起出来聊聊，这样说对方完全可以理解。

类似的情况还有很多，比如三个人出行，其中两个人就一个话题没完没了地聊，第三个人在一旁完全插不上话，在一旁只能假装玩手机，那两位聊得好的说不定还以为第三个人是个不合群的"低头族"，如果三个人中有一个情商高的人，就会在中间调和，找一些大家都能说上几句的话题，并且顾及每一个人的感受，时不时地反问对方他的看法，让别人都可以参与进来形成互动，让三个人的小聚变得其乐融融，气氛也会活泼起来。

一般我和几拨朋友一起出去游玩，大家总是能聊得来，因为我能够自然而然地根据他们不同的性格做出调和调解：内向不爱说话的，需要多去问他的看法；幽默搞笑的，就让他多讲一些段子逗大家开心；两个人观点针锋相对时，就要做中间的和事佬，缓解矛盾小事化了……

一个善于沟通的人，不是可以滔滔不绝出口成章，而是会在人群中调和引导，游刃有余。善于沟通者往往在小团体中具有领导力，这种领导力就在于能够通过他将周围的人联系起来，善于沟通者就成了小团体的连接人，如果哪天他不在，团体中的其他人可能很难聊得起来。

移情沟通，就是共情能力与表达能力的结合，当你真正可以设身处地地为他人着想，感知他人的境遇，并且通过表达做出回应，这样对方就能感受到你的关心和理解。

如果一个人孤独的时候、痛苦的时候、尴尬的时候、愉悦的时候，你都能体谅对方，陪着他们一起伤心一起开心，你们的关系会变得坚如磐石。

⑧ 将否定变为肯定

你是否听到过身边人用这类口吻说话：

> 你必须得把这个事情给做完。
> 不要买这种垃圾食品吃。
> 不对，我觉得你这个说法太片面了。
> 我觉得你这件事办得很糟糕。
> 你再出去喝酒就不要回来了！

当有人用这种语气跟你说话时，你的心理感受是什么样的？每一个人都有自尊心，都希望能够得到认可和独立，当你被别人用否定的语气评判时，不管对方说的有没有道理，你都是不开心的。

在心理学中有个南风效应，是说在人际交往中，温和平等的交流方式就像春日南风，让人感觉到微风拂面的舒适感，而针锋相对的交流会让人产生逆反心理和反感，哪怕你说得很有道理，别人也不愿意去倾听。

当你在用否定的语气对另一个人讲话时，可能你否定的是他的观点或者行为，但人们往往会认为你在否定他们本身，你对他有意见。

如果你学会在生活中将否定变为肯定，你的讲话就会少了戾气，别人更能够听得进去。

我们看一组讲话：

A：你再出去喝酒就不要再回来了！

B：我觉得你哪里都好，就是爱喝酒的毛病让人难以接受。

A的说话语气咄咄逼人，是生活中妻子对丈夫的惯用语言，然而你去观察这类夫妻，这样说话尽管严厉，但完全起不到任何效果，反而家庭矛盾愈演愈烈，留下的只有丈夫摔门而出的背影。

B运用了先肯定再否定的说话方式，这个是一般劝诫别人常用的技巧，要比A给人的感觉更温和一些，先说对方优点，让他能够听得进去，然后用"但是"进行转折，就好像在一个女生拒绝别人表白时候说：其实你人很好……但是我们不合适，"但是"前面的话其实在脑海里会自动略过，"但是"后面才是意图。

C：我觉得你很优秀，为家里忙碌奔波，挣钱养家，能够和你在一起我觉得很幸福，我喜欢你，更喜欢不喝酒的你。

我们再来对比C的一段表达，她抛弃了对丈夫的否定，用完全肯定的态度夸赞对方，最后一句给人的感觉不是劝诫和命令，更是平等的请求和期盼。

⑧ 积极乐观的表达技巧

人的情绪会传染，积极阳光的人总能给周围的人正能量，而被负面情绪包围的人整日郁郁寡欢，对生活没有热情，也会影响别人的情绪。

现在这个"丧"文化横行的时代，如果身边有一个正能量的人，是难能可贵的，做一个积极乐观的人，周围会出现一种积极的"能量场"，影响周围人的情绪，同时让自己变得阳光开朗。

当朋友向你抱怨："每天都要加班好累啊。"

这时如果你跟着他一起抱怨，非但不会缓解对方的情绪，也会受到他负面情绪的影响，开始思考加班有多么累，影响一整天的心情。

这时你回应他："确实是呀，不过你加班还有钱赚，加加油！把这个项目完成了，就会有一笔不少的收入呢。"

当你的朋友给你发消息说：晚安。

这时你如果也只是回复一句晚安，就会显得平淡无奇，如果你说：晚安啦，你今晚肯定可以好梦，说不定我们可以在梦里接着聊呢。

你的朋友肯定会在屏幕前面会心一笑。

想要将阳光传递给别人，首先自己要成为一个积极向上的人，凡事往好的地方想，用幽默来装点无趣的日常，这样的你会因为乐观影响到其他人，成为人群中的一个小太阳。

4.
内心敏感、多疑、
玻璃心人群的生活指南

01.

你是属于神经大条还是敏感的人呢？你的敏感和细腻会不会影响到你的生活？你是否害怕冲突，下意识地用妥协来避免矛盾？

高敏感是一种人格特征，而形成一个人内心敏感的原因是非常复杂的。据相关统计表明：具有高敏感人格的人约占总人口的20%，而具有高敏感人格的人都是内向人群。

内向的人往往更加细心、谨慎，言语间的表达不多，但内心很活跃，也往往更擅长独处和思考。但是高敏感群体往往害怕引起冲突，具有迎合型人格，常常伴随着消极、焦虑、自卑、恐慌的情绪。

我们的人格特征大多是受后天环境影响形成的，比如一个人童年时家庭条件很好，各方面需求都能得到满足，那他很容易会成为一个外向、自信的人；如果一个人的童年各方面都很匮乏，很容易就能学会察言观色，说话做事都会考虑大人的想法，很容易成为敏感、自卑的人。

几乎所有内心敏感的人都会觉得自己是人群中的异类，也会羡慕那些和自己完全相反的人，觉得他们是活得轻松自在的。会因为这样开始试着改变自己，然而人的性格没有那么容易说改就改，如果一直处于想要改变却无能为力的状态的话，只会让自己变得更不舒服。与其改变性格，不如好好地接受，或者和它成为伙伴也不错。

我们无法改变已经成为过去的童年，无论在那个阶段经历过什么，但仍然可以靠自己尽量消除对我们之后人生的负面影响。不论你属于哪一种性格，都有它的好与坏，我们能做的，就是与自己的内心和谐共处。

02.

如何才能做到呢？

第一，遵循内心做自己。

如果你已经确定自己是一个内心敏感的人，那么首先要恭喜你找到了自己的性格定位。我们的性格都是在生活里积累形成的，它不可能完美，只有或大或小的缺陷，但我们需要先接受它，因为它就代表了过去几十年的你。

这对敏感的人来说是不容易的，因为他们通常也是完美主义者，不能容许瑕疵的存在，可世界上就没有完美，只有我们不断追求完美这回事。我们都需要明白，不论性格是内向还是外向、敏感还是钝感，本身都没有好坏之分，反映在每个人的身上就会产生一些问题，我们要改变的是这些问题，而不是性格。

在做一些决定的时候，别人的看法固然重要，但我们首先考虑的应该是自己的内心。如果你觉得敏感这种性格给你带来了很大的困扰，那可以做出调整，这种调整不是让你改头换面成为一个不敏感的人，而是解决敏感带给你的问题。在遵循内心的基础上调整，到最后你可能依旧是敏感型人格，但这种人格中的困扰已经被你解决了。

第二，勇敢表达自己的困扰。

对于高敏感的人群而言，我们常常不表达内心的真正想法，有的是不敢表达，有的是不好意思表达。拿我自己举例，之前无论是与人交往还是在学习中遇到问题，我都选择自己解决，不是我不想向人求助，而是我总担心会打扰别人，有些话说不出口，不知道哪句话会让别人为难，也许普通的关系因为我的话就会破裂也说不定。然而，这却让我陷入了恶性循环，因为有些话我不说，别人就不知道，我会因此陷入更纠结、更痛苦的境地。

我的一个朋友很爱生气，每次和他聊天时，如果两个人有一些意见上的分歧，他就会开始较真，甚至会因为这种情况和我发脾气，这让我一直都很不爽，我又不好意思也对他发脾气，只能闷着不出声。

后来又出现了这种情况，我当时很严肃地对他说："我们只是讨论一个问题，对错与否先不论，但没到随意发脾气的地步，而且你发脾气完全没考虑我的感受，这样是不合适的。"听了我的话之后，他对我道歉了，承认自己忽略了我的感受，以后一定会注意自己的情绪。

很多时候，人与人之间的问题就在于大家都不肯把问题挑明了来说，这也是很多矛盾产生的重要原因之一。如果你因为别人的话感到被冒犯或是不愉快，应该勇敢地表达出来，哪怕委婉一些。不要担心自己会让别人尴尬，你只有表达出自己的不满，别人才会觉得不好意思，才能通过沟通来解决问题。如果你受了委屈不懂得表达，慢慢地，自己就会被人当成好欺负的对象，而你则会因此陷入不断痛苦的死循环。

第三，你不需要为别人的情绪买单。

敏感的人往往能察觉出别人情绪的变化，他们会禁不住去猜测对方为什么不开心，是不是自己哪句话说得不合适伤害到对方了？想到这里，就会开始责备自己，哪怕不清楚对方情绪变化的原因。

敏感的人通常不愿意说话，但每句说出口的话都是在大脑里深思熟虑过的，这样的人都是心软的人。严歌苓曾经说过："心太软的人快乐是不容易的，别人伤害她或是她伤害别人都能让她在心里病一场。"而那些性格外向、钝感的人就不会为这样的事担忧，他们不是不在乎别人的感受，而是不能像敏感的人那样轻易察觉别人的喜怒哀乐。

我不评价这样算好还是不好，但敏感的我们确实应该懂得，自己不需要为别人的情绪买单。我们在说话做事的时候考虑别人的感受是自己的修养，但我们无法考虑到所有因素，更多的时候只是对自己的情绪负责。

在人际交往中，没有人可以让所有人都舒服，别人的情绪变化来自事情本身，而不是你的原因。一个成年人需要懂得控制自己的情绪，但是没有义务为别人的情绪买单。

第四，只管好自己不是自私和冷漠。

敏感的人思维方式往往是向内的，他们很善于思考，也常常因为思考带给自己很多痛苦。比如，当身边的人遇到困难，自己帮不到别人，就会感到十分自责，这在敏感的人身上并不少见，经常会在帮助别人的同时折磨自己。

正常情况下，我们去帮助别人，会问对方遇到了什么问题，有什么可以帮忙的地方。如果自己无能为力，就会直接说出口，让对方再想其他的办法。而敏感的人在同样的情况下首先是没法说自己帮不到对方，而且会因为这个感到自己很没用，进而开始联想，自己和对方会不会因为这件事导致关系不好，对方会不会觉得自己故意不帮他，等等。

敏感的人思考方式是从自我出发的，遇到问题都会主动反思自己，而这往往在遇到问题时成为折磨自己的原因，本来是好心帮助别人，最后弄得自己很难受。很多时候，我们能管好自己就已经很好了，如果可以帮到别人当然更好，但没能帮到别人不是自己的错，不要用这个来惩罚自己。

第五，犯错也没什么大不了。

敏感的人会将一些无须自己承担的责任归结到自己身上，从而让自己的内心多了很多无谓的压力，这些本来并不是你应该背负的。即便在生活中我们犯了一些错，但那又怎么样呢？

敏感的人之所以经常被说成玻璃心，是因为他们对犯错这件事特别在意，会因此感到特别痛苦，而且被批评之后会产生特别多的联想。他们会想别人会不会因为这件事觉得自己是个不靠谱的人，会不会因为这件事而全盘否定自己，自己以后是不是再也没有机会可以和这个人平等地相处，等等。

对于犯错，我的建议是不要太在意，我们当然要学会吸取教训，但不能过度苛责自己。犯错是必然的，我们只需要吃一堑长一智，下次不再犯就好了，至于别人的批评，不要让自己特别难受。世界上不会有人不犯错，也不会有人没犯过错，吸取教训就好了。

犯错没什么大不了的，我们今天会犯错，明天也会，永远都会，但我们不能一辈子都和它较真下去。

第六，找到排解自己情绪的方式。

我自己是个敏感的人，也曾经被这些问题困扰了很久，但我渐渐开始学会了调整自己，有了一些避免这些问题带给自己痛苦的方法，何况，无论如何，总会有我们无法改变的事情存在。

如果自己受了委屈，可以选择做一些喜欢的事情宣泄自己的负面情绪。比如，可以去跑步、打球、吃一顿大餐，或者选择过山车这样刺激性的项目，这些都可以很大程度上释放自己的委屈感。

不要一个人待在封闭的空间瞎琢磨，哪怕找朋友出来聊一聊或者打个电话给父母，这些都是可以减轻委屈感的方法。

最后要记得的是，对于每个人来说，自己都是最重要的，别让委屈总是找上你。还有，在别人的意识里，我们并没有自己想得那么重要。

5.
骨子里清高，
内心却自卑

在知乎上看到一个问题：自己太过清高，不食人间烟火而又自卑怎么办？

看到这个问题时，我的第一反应是好像每个人都这么觉得：骨子里清高，内心却自卑。

在我看来，之所以非常多的人都这么觉得，是因为自卑的人太多，这种清高是由自卑生出来的。

自卑源于一次次没能正确看待失败，自信来自一次次成功的体验。

失败时，行为上败了，但心气依旧不服，解决不了问题，大不了可以绕道走，避免问题纠缠太多就可以轻松回避了。

而这种心气就成为这里所说的清高，这是在没有办法变得自信又想摆脱自卑下的产物。

有人认为自卑和清高是矛盾的，其实这种清高并不矛盾，与自卑矛盾的是自负，而这种清高是对自卑的反抗。

　　人活在世上，总得需要一些精神支柱，需要给自己找一些理所当然的理由，才能说服自己的内心，如果内心是自卑的，于是就生出清高与它对抗。

　　因为自卑所以清高。

　　我觉得这是正常的心理现象，人的心理需要保护机制，自卑时怕人瞧不起，清高起来即说服了自己不与他人同流合污，给自己的格格不入找到一个合适的理由，又能合情合理地做我自己。

　　有人说清高是贬义词，认为清高就是不合群，但在我看来，无论是清高还是不合群，都没有贬义的意思。

　　在集体主义社会，绑架我的东西太多，条条框框的束缚依旧捆绑着合理的人性需求，从出生后开始，什么时候做什么事都被安排得明明白白，你需要很努力地满足身边人的期待才能被周围的人认同，而与众不同的人就会被大众指责，人的一生，你努力做到没有辜负任何人，唯独辜负了自己。

　　从别人家的孩子到别人家的老公，这种无意义的对比，让自卑的种子早已种在了心里生根发芽，当你真正想要丢掉它时，发现它已经根深蒂固。

　　这种周围人的指责让你变得不自信，以为自己做错了什么，多数时候其实并没有，你只是顺应了自身的天性。

　　不想合群，周围的人又对你指指点点，让你矛盾，变得自卑，而清高就是对周围人的反抗。

　　按理说，你不需要看着别人的脸色生活，不需要敏感地在意别人的情绪，不合适的群就不要强融。别人的一喜一怒，你就敏感地觉得自己好像犯了错一样，这种自卑感最让人难过的是你想抛弃它，却无能为力。

你的矛盾在于你想清高，想不食人间烟火，但是又怕别人说你高冷，说你不合群。

这是背着巨大包袱的清高，还是没有做到真正的洒脱。

不如，就做个高冷的人，被别人说成性格孤僻，与周围人群显得格格不入，这需要些被讨厌的勇气，需要点坚持本我的魄力，但是你得相信，世界那么大，总有人和你相似，总有人能够和你无话不谈，摆脱那些让自己苦恼的人，难道不好吗？

要我说，让清高胜利吧，别在意别人。

哪怕做一个自负的人，也别做自卑的人，自卑的人活得太累。

要么，开始改变，努力让自己变得自信，在一次次成功的积累下，接受自己，认识自己，变得阳光开朗。

要么，就做一个清高的人，不食人间烟火，放下外界的眼光，放下包袱，我有我自己的世界和想法，个性独特，不随波逐流，率性而为。

总之，把那点可怜的自卑给丢掉。

6.
好状态不靠忍，
驾驭你的负面情绪

01.

你是一个情绪不稳定的人吗？

小时候，人们通过哭喊、吵闹宣泄情绪；成年后，有的人依旧不能控制自己的情绪，愤怒、焦虑、不安、伤感依旧控制着我们的行为。情绪控制力低的人往往喜欢吵架、摔东西、抑郁、急躁，他们的情绪总是写在脸上，比如一些人和朋友玩游戏，输了以后一脸的不开心，表现得十分明显，带给别人"输不起"的感觉。

曾经有位君主说过："能控制好自己情绪的人，比能拿下一座城池的将军更伟大。"一个能够控制好自己情绪的人，往往喜怒不形于色，给人带来稳重感和安全感。

我之前看到过一个小故事：一个男孩脾气很差，总是喜欢朝别人发脾气，于是父亲给了他一袋钉子，告诉他说："每一次发脾气，你就把一颗钉子敲进院子里的围栏上。"

过了一天，小男孩就往围栏上敲进去了35颗钉子，也许是觉得钉钉子太麻烦，于是减少了发脾气的次数，随着时间的推移，慢慢地往围栏上钉的钉子越来越少。

这时父亲走过来告诉他："从现在开始，你再想发脾气的时候，试着控制住它，每控制住一次就可以从围栏上拔掉一颗钉子。"

数日后，这个小男孩跑过来告诉父亲，钉子已经全部被他拔下来了，他也学会了控制自己的情绪。

父亲指着围栏上的洞说："你做得非常好，看到没？这些洞，当你每一次发脾气就像钉子一样插入别人心里，让别人感到难过，围栏的洞会一直存在，你对别人造成的伤害无论再怎么道歉，都已经回不去了，所以今后你一定要学会控制自己的情绪，情绪稳定的人才会受到大家的喜爱。"

将一个人打败的不是别人，而是自己的情绪，面对压力时，急躁、气愤、烦恼都无法解决问题，最终这些情绪成了你最大的敌人，让你选择放弃。

人是感性的动物，不可能不被情绪左右，但越是优秀的人，越能调节情绪，在生活不顺之时，保持积极向上挑战自我的态度，才不会被负面情绪给打倒。

02.

当遇到负面情绪时，人们往往采取压抑、发泄、转移的方式进行调节。

有的人选择压抑在内心，表面上强颜欢笑，时间久了会造成抑郁厌世心理，有的人会通过摔东西、吵架、家暴的方式进行暴力发泄，将自己的不良情绪转嫁给身边人，有的人通过做别的事转移注意力，但是每当夜深人静的时候还会辗转难眠。

我们来看林肯先生是如何做的？

美国陆军部长斯坦顿黑着脸跑来找林肯总统，告诉林肯说有一位少将用一些下三烂的话侮辱他，说他做得不公平，故意袒护一些人。

林肯告诉他说："我的建议是你写一封内容极为尖酸刻薄的信给那家伙，记住，要狠狠地骂他一顿，给他点颜色瞧瞧。"

斯坦顿得到了建议后，立刻写了一封措辞激烈的信，将这封信拿给林肯看。

林肯哈哈大笑道："对了，对了！要的就是这个，你写得真是绝妙啊，可以好好把他给教训一顿，让这小子知道天高地厚，斯坦顿先生。"

得到总统的认可，斯坦顿高兴起来，连忙将这封信装进了信封中。

这时林肯却问道："你这是要做什么？"

斯坦顿疑惑着说："我这就寄出去啊。"

林肯严厉说道："不要胡闹，斯坦顿先生，这封信绝对不可以寄出去，快，那边有个炉子，把它扔进炉子里烧掉，但凡是生气时写的信，我都是这样处理的。你在写信的时候已经解气了，现在是不是觉得好多了？快把它烧掉吧，重新写一份，你会知道怎么写的。"

斯坦顿这时觉得已经不再那么生气了，反思自己为了这点小事动怒真不应该，于是开始理性地去处理这个问题了。

很多时候，愤怒的情绪冒上大脑，顿时觉得火冒三丈，但只需要停顿几秒，或者合理宣泄一下，人就会重新恢复理智，成年人的世界总是世事纷扰，不能够让情绪表达出来，也不能压抑自己，学会合理宣泄，是一个人高情商的表现。

03.

情绪左右着人们的价值判断、选择和态度，直接影响自身的人际关系。

在心理学理疗中，对情绪的缓解和控制可以从生理、心理、精神的层面进行干预，适度运动、均衡饮食、规律生活可以使情绪变得积极，有助于负面情绪的消除，懂得表达情绪，给情绪脱敏，才能成为不被负面情绪掌控的自由人。

（1）敢于说"不"，表达不满

受到委屈时，有的人为了表现出自己情绪稳定，不好意思说出来，但是事情过后开始后悔，只能在心中闷闷不乐，你不好意思说出来，别人永远不知道，这样就成了恶性循环，明明委屈得要命却不说，让自己产生压抑情绪。

表达出自己的不满并不可怕，让自己感到不愉快或者吃亏时，可以委婉表达出来，别人不会因为你的不满讨厌你，如果你长期不好意思说"不"，别人反而会觉得你好说话，变本加厉地欺负你。

（2）降低对他人的心理预期

太宰治说："若能避开猛烈的欢喜，自然也不会有悲痛的来袭。"

你对别人的期待越高，失望就会越大。做一件事情提前想到它最坏的结果，就能避免失败后的落差带来的失落感。

人性趋利避害，都有自私的一面，不论是爱情、亲情、友情，将希望寄予他人都可能带不来预期的效果，抱着平常心去面对生活，理解每一个人的缺陷、不足，也就少了很多失望袭来。

（3）充实生活，寻找自信

想象一下，你每天上午11点还没起床，抱着手机刷短视频，起床后订个外卖，"葛优躺"地倚靠在沙发上追剧，一切都看起来舒舒服服，但是你为什么还会感觉到空虚无聊呢？

如果你能够保持自律，和太阳一起起床，洗漱完就出门运动，回来后洗个热水澡，准备好一本书阅读，这时你感觉到的是疲惫还是舒适？

懒惰的人看起来是在享受生活，其实他面临的是内心的空虚和不安，自律看起来劳累，其实他通过自律让内心变得充实自信，庸庸碌碌的人总是躲在角落里百无聊赖，生活充实的人会在阳光下变得喜气洋洋。

（4）照镜子法则

如果你有随身带着小镜子的习惯，当你感到有愤怒、悲伤、鄙夷等情绪时，可以拿出镜子来看看自己的样子，你会感到惭愧。通过镜子看到自己带有一些负面情绪时的样子，想想看，你向别人展示的就是你现在的样子。

你的一脸不开心会让自己变丑，有研究表明，除了基因影响，情绪也会影响相貌，人的情绪会写在脸上，这就是我们常说的相由心生，有的人看起来面善，有的人看起来凶神恶煞，温柔和善的人给人的感觉温暖，长期带有负面情绪的人就显得面露苦相，其貌不扬。

情绪做出的表情影响人的肌肉形态和面部皱纹，长时间保持同一情绪状态就会形成肌肉记忆。

（5）良好的姿态塑造自我

你是否能够想到，姿态也能改变人的情绪。

如果看过《动物世界》，你肯定知道，动物在宣示权利或者展示自己时，会将身体扩大，让身体向外伸展，变得足够大。

比如孔雀在求偶时张开尾巴，猫咪在发动攻击前拱起背部竖起毛发，黑猩猩在生气时会站立起来举起双臂……

人类也一样，当运动员取得冠军时，会举起双手，脸向上抬起，摇旗呐喊。

而当自己没有力量，缺乏自信时，会蜷缩起来，让自己变得更小，最好是小到没有人会注意自己。

这些姿态同样会影响到人的情绪，如果你坐下来，弓着腰含着背，双腿紧闭，这时你感觉不到自信，如果你把双腿打开，抬头挺胸，双手掐在腰间，你就能感觉到力量感和自信心。

试着尝试这有力量的姿势，它能改变你的情绪和心态，告诉自己能行，让自己充满力量，想要每天在积极的情绪下工作，首先要改变你的姿态，让自信融到你骨子里去。

7.

识人术:
8条技法教你看人不走眼

林语堂先生总结世上有十大俗人:腰有十文钱必振衣作响;每与人言必谈及贵戚;遇美人必急索登床;见到问路之人必做傲睨之态;与朋友相聚便喋喋高吟其酸腐诗文;头已花白却喜唱艳曲;施人一小惠便广布于众;与人交谈便借刁言以逞才;借人之债时其脸如丐,被人索偿时则其态如王;见人常多蜜语而背地却常揭人短处。

可以对照一下,你的身边有没有这样的人呢?利用你的洞察力,对周边人进行观察,你就能慢慢体会到一个人的本质,人要认识你自己,同时知人识人也是人际交往中的一项能力。孟郊的一首《择友》讲道:"人中有兽心,几人能真识?虽笑未必和,虽哭未必戚。好人常直道,不顺世间逆。恶人巧谄多,非义苟且得。"

这首诗振聋发聩,指明了人心难测,表面看到的不见得就是真的,与人交往时要记得"防人之心不可无",谨慎择友,方能广结善缘。

⑧ 巧舌如簧，不如抱诚守真

无论是酒桌上还是聚会时，很容易在人群中发现人们性格迥异，有巧色如簧的、有惺惺作态的、有沉默寡言的、有锋芒毕露的。

油腔滑调、爱吹牛、爱说场面话的人表现得能说会道，但往往言行不一，处事圆滑，老辣狡猾。这类人非常容易快速赢得别人好感，因为没有人不喜欢一张巧嘴，但是不适合长期交往，一旦你与他长期往来，就能看穿他巧嘴下的内心：说得好听做不到，讲得漂亮不干实事，自私利己不考虑别人……

而那些看起来内心老实的人，为人实在，心眼不多，一开始并不讨喜，因为他们在社交场合上往往不展示自己，这种人属于慢热型人，虽然话少，但内心什么都明白。你可能一开始觉得他无趣，唯唯诺诺，不争不抢，但是一旦你需要帮忙时他们往往毫不犹豫，交往久了就能发现，人与人交往的真谛在于实诚和忠诚。

油腔滑调之人，看起来讨喜，但只适合一竿子买卖，拉不来"回头客"，抱诚守真的老实人才是真正可以深交的一生挚友。

⑧ 只爱谈自己的人，往往自私

你有没有这样的朋友，喜欢滔滔不绝地讲自己的事，一提起自己就开始兴奋，但从来不喜欢倾听别人的事，在别人倾诉时总是表现出无聊、不耐烦。

这种人说话喜欢以"我"开头，而不是"我们"，说话时争抢主导权，喜欢炫耀自己所得，喜欢哭诉自己所失，对别人的事情并不感兴趣，这就是内心自私的表现。

一个心中有他人的人，在与人交谈时不仅仅只喜欢讲自己的事，还喜欢倾听别人的心声，并且他们知道倾听是对别人的尊重。会用比如"你觉得呢？""你说呢？""如果是你你怎么办？""我想听听你的看法。"类似的语言询问对方的观点，给别人留出发表看法的空间。

⑧ 富贵时，你的识人能力会变低

黄渤在一次节目中说："以前在剧组里面，你能碰到各式各样的人，各种小心机，现在身边全是好人，每一张都是洋溢的笑脸……"

当你富贵时，每个人都对你笑，说赞美的话来夸赞你，你就会误以为身边的人都是好人。"穷在闹市无人问，富在深山有远亲。"穷人总是能清晰地觉察到世上的人各有各的心眼和偏见。

当你落魄时也许这些溜须拍马的人都会做鸟兽散，不见人影，真正待你好的人不是为你锦上添花，而是给你雪中送炭。

珍惜那些在你还不够强大时就对你好的人，提防那些在你强大后才来对你好的人。

趋利避害是人性，但能不忘初心，待人以诚的人，值得我们用心交往。

⑧ 物以类聚，人以群分

"物以类聚，人以群分。"这句话已经听得耳朵磨出茧子了吧，但别说，还真实用。

仔细列出来你身边关系保持最紧密的朋友，是不是发现自己和他们身上有着诸多共同点？比如一个性格内向不爱说话的人，身边的朋友大多都内向。

你想要了解一个人时，可以看看他的朋友，他愿意跟什么样的人在一起玩，他八成就是那样的人。

⑧ 别看他对你怎么样，要看他对别人的态度

有的小情侣在热恋时期由于光环效应"情人眼里出西施"，会出现看走眼的状况，等到真正步入了婚姻才发现自己认识的根本不像是一个人。

一个人喜欢你的时候，肯定是万般对你好，与其说是对你好，不如说是对自己好——想要满足得到你的欲望。这时你会很难判断他的为人。

我们要注意的是，对你好 ≠ 人品好。

我们可以通过他对别人的态度来评判，比如看他对待服务人员是否礼貌，对待朋友同事是否大方得体，对待长辈是否尊敬，对待弱者是否同情，对待父母是否孝敬……这些外在举止的细节，体现了一个人的修养，从中就能看得出一个人的人品如何。

⑧ 一个人越缺什么，越在意什么

一个人缺钱，他就会努力挣钱把钱存起来舍不得花。

一个人缺爱，他就会拼命从他人那里找寻安全感和依赖感。

一个人越自卑，他就会越在意别人的看法。

一个人越炫耀什么，他就越缺少什么。

通过强调获得别人的认同，从而填补自己内心的缺失。

一个富太太在马路上捡塑料瓶，她觉得自己是锻炼身体，节能环保；一个穷太太在马路上捡塑料瓶，就会觉得不好意思，怕人笑话。

本质上还是内心自卑情绪在作怪。

当被人赞美时，人与人的反应也会大不相同。

内心自卑的人会猜忌别人的夸赞是不是反讽自己，优秀的人受到褒奖都会欣然接受。其实看懂一个人的内心并不困难，只需要看他用尽一生都在强调什么，执着什么，追求什么。

⑧ 内心敏感的人，适合做朋友

尽管内心敏感的人活得很累还很纠结，但不得不说这一类人真的很善良。

可能他们会有一些玻璃心，有一些爱生气，但是他们从来不自私，总是站在别人的角度思考问题，生怕自己犯错影响到他人，事情亲力亲为，不会麻烦别人，和他们相处，你就会体验到三百六十五度全方位地被照顾。

　　高敏感的人具有强大的共情能力，他们可以感知体会到你的快乐和痛苦。你有事情找他们分享时，会得到理解和包容，尽管自己的生活还一团糟，但并不妨碍他们很会给你出谋划策。

⑧ 一起旅行，最能验得一个人品性

　　旅行是一件听上去文艺，做起来劳神费力的事情，在旅途中，会暴露出一个人的生活习惯和生活态度。

　　在旅行前期需要做大量规划：买车票、订酒店、逛景点、设计路线……这一系列无不考验一个人的规划能力，在游玩时消费观念不同也会出现分歧，双方对待景观的不同喜好也能看出两个人的默契程度，在旅游的时候出现的突发情况可以看出一个人的内心是否强大。

　　旅途毕竟是劳累的，一个人在极度劳累的情况下往往会暴露本性，即使平时文质彬彬的人，也可能会因为疲惫对身边的人开始有脾气，没有好脸色，或者开始不停地抱怨。

　　而一个人能够在劳累辛苦的时候，还能控制自己的情绪，照顾身边人的感受，甚至还会鼓励你逗你玩，这样的人才值得交往。

　　最后我想说，人性复杂，哪怕再简单不过的人，也不是三言两语可以概括的。

　　一个人总会有利己的一面，也会有至善的一面，缺陷、弱点都是一个正常人有的正常状态，我们无法轻易评判一个人的好坏，更不能通过一件事来否定或者肯定一个人，所谓的识人术都只是对"大多如此"的总结，这个总结绝对不是绝对的，还得具体问题具体分析。

在交友过程中，路遥知马力，日久见人心；岁寒知松柏，患难见真情。我们不会对某一类人抱有刻板印象，不会对人进行定义，但是我们可以去观察、辨别，在具体的交往中窥探一个人的品性和修养。

Three

保持分寸感，
需要掌握关系边界

1.
深到骨子里的教养，
是有边界感

与朋友交往最忌讳的就是没有分寸感，说话做事不知轻重。

有时候自己以为是在开玩笑，其实已经冒犯到了对方，我们经常听到这样的话："我就是开个玩笑，你还当真了？""开不起玩笑啊！"

往往这个时候是把别人冒犯了，不仅不想道歉，还不允许别人生气，最后还指责起别人来。

开玩笑不是取笑，开玩笑的目的是让双方开心，让你不开心的算什么玩笑呢？开玩笑要考虑双方之间的关系、性格、情景，顾及对方的感受，如果不小心因为一句话得罪了对方也是不可避免的事，这时要诚恳地道歉，别人也不会太介意，但有的人不仅没有歉意，却用"你开不起玩笑"来挖苦对方，可见他心目中丝毫没有分寸感。

一个人深到骨子里的修养就是懂得人与人之间的边界意识，即使再亲密的关系都应当保持一定的距离，过于亲密不分你我是导致矛盾出现的原因之一。

传统的中国式家庭关系是典型的没有边界感，往往这也是中国家庭关系纠纷的根源，你有没有发现，生活中有一半的困扰，都是亲戚造成的，一些七大姑八大姨总是喜欢打探别人隐私，和亲戚朋友互相妒忌攀比，每逢过年过节，都要在他们面前被"关切"一番，一些长辈还得倚老卖老说教一番，这让人感觉到的不是被关心的暖心，而是被干涉的不适感。

千年来形成的宗族观念，造成了传统思想中血浓于水不分彼此的观念，用单一的评判方式干涉宗族内部成员，达到思想的统一，在这个过程中造成了道德绑架，个性和多元的思想观念受到打压。亲戚之间必须要来往、要走动，亲戚提出的要求不去做就是不近人情，亲戚之间合伙做生意就不能分得太清，这种不分你我含糊不清的亲戚关系，让人表面不好意思说开，内心却已经深恶痛绝。

费孝通在《乡土中国》中将西方社会的格局比作一捆捆柴，具有分明的界限清晰的结构，中国传统社会的格局就像石头丢进水里产生的波纹，每个人就是石头，一圈圈波纹就是与你亲疏不同的人，只要足够亲密就可以没有边界。

在心理学上，我们将这种不分你我，我为人人，人人为我的思想称为糨糊逻辑，在这种糨糊逻辑下生活的人们没有个人空间，人格思想缺乏独立性，也是家庭中夫妻、婆媳、子女矛盾的导火索。

与之相对的是边界意识，这是一种注重私人隐私，独立思考，不冒犯他人的思想。人与人之间都是相对独立的个体，不是别人的附庸，每个人都有自己的个人边界，在心中时刻有一把尺子，丈量人与人之间的关系，不可越界，即使再亲密，尺子也需要有刻度。

　　亲情如此，友情更得如此。

　　朋友做出选择，你可以给出建议，但不要帮着做决定。

　　到朋友家里做客，不能随意翻阅别人的东西。

　　朋友不讲的事情不要深挖，他的秘密告诉了你要能保守，不能外传。

　　和朋友的对象不要有单独私密的联系。

　　…………

　　真正的朋友是做到和而不同，知道对方介意什么，不会主动越界，知道尊重对方的信仰、爱好、性取向等，坦然接受彼此，知道对方的不完美却已经陪着对方共渡难关。

　　心理学家埃内斯特·哈曼特说："如果自我是一座古堡，那么心理边界强度便是古堡外的一圈护城河。"当然，护城河的宽度由你自己决定。

　　人与人的边界，太远是生分，太近是伤害。

　　就像两只寒冷中取暖的刺猬，离得太远会挨冻，离得太近会伤害对方。

　　对自己，个人边界就像你给自己画的一条底线，当别人逾越它时，你就会感到不适，这时你应该及时表达出自己的不满，告诉别人你的真实想法，以免对方会变本加厉，不断越界。

　　对别人，要具有边界意识，为人处世应当具有分寸感，与人相处不过是让彼此舒服，不能去触及别人的防线，窥探别人的隐私，将心比心，学会考虑别人的心理感受。

　　界限，不是划清人与人之间关系的牢笼，而是一种让彼此毫无压力自由交往的坦然。

2.

拒绝 ≠ 被讨厌，
高情商的人这样 "Say No"

⑧ 别因面子难为自己

拒绝别人对一部分人而言是一种压力，甚至为此感到苦恼，羡慕那些可以轻松拒绝别人还不感到愧疚的人。

在你的生活中有没有出现过这类场景：

干微商的朋友疯狂给你推销他卖的产品，但你并不需要，在他的软磨硬泡下，苦于无奈又不好意思拒绝，最终硬着头皮高价买了本不喜欢的产品。

在一群同事中间，自己总是最好说话的老好人，别人干不完的活拿来请你帮忙，不是做个表格就是弄个PPT，甚至打饭捎带咖啡也成了你的专属工作。

朋友发来微信问在吗？不好意思回复他不在，结果刚一回复就得知对方想要借钱，不想借又不好意思开口拒绝，借给他又不知道什么时候还，在自己还生存困难的情况下为了面子依旧选择了借给他。

　　别人借了自己的钱，他不说还钱的事自己又不好意思提，实在活不下去了开口要求还钱，仿佛是自己做错了事情。

　　自己不擅长喝酒，却被一群酒肉朋友拉到一块喝酒，不喝就是不给面子，劝来劝去最终还是招架不了他们的劝酒词，喝到晕晕沉沉，头痛不已。

············

　　这类人担心自己拒绝别人会影响自己与他人的关系，会导致被别人讨厌，尽力地满足对方的需求，却忽视自己的内心需要，人与人之间的交往确实需要互相帮助，但是人际交往中请求和被请求，拒绝和被拒绝是一种常态，没有人天生应该舍己为人，在帮助别人的时候需要考虑实际情况，不要因为"面子"总是委曲求全。

　　语言学专家Brown & Levinson（布朗和列文森）在人际交往的礼貌原则中提出，人的面子主要分为两种：一种是希望得到别人的认可，一种是希望自己的言行不受任何阻挠。拒绝别人会让双方都丢了面子，但是不得不说，在现实生活中拒绝对方的请求是不可避免的，我们需要做到礼貌并且委婉地说出自己的理由，尽量给双方都留有"面子"，只要你的方法是得当的，就不会因此失去这个朋友的信任。

　　除此之外，我们还需要有一个认知：人无法被所有的人都喜欢，无论你怎么做。如果你因为个人原因拒绝了你的朋友，向他说明原因后他也会理解，你的拒绝至少不会被真正把你当朋友的人误解，更不会因此讨厌你。

⑧ 越是好说话，越会被轻视

不好意思拒绝别人，本质上是一种善良，担心因为自己的拒绝伤害了彼此之间的关系，或者因为自己给别人带来困扰。

然而越是好说话，越是不容易被人重视，没有脾气的人往往会成为在人群中被欺负的对象，人性就是如此，别人开口向你请求帮助，你二话不说就答应了，时间久了别人会觉得理所应当，而你的想法也就越来越不被重视，当他心里形成一种你很好说话的印象，一旦有一天你拒绝了他，他可能就会表现得极为生气，认为是你的错，很多时候，你的仗义相助不一定换来回馈。

别人有求于你时，话语权掌握在你的手里，这时你应当把控主导地位，不可以让本来就请你帮忙的人占据上风。

反观那些一开始就不好说话的人，请求帮助的人为了获得帮助，不得不低三下四地拜托他，甚至想尽一切办法，这时他们的内心是渴望获得对方的援助，如果很幸运，对方终于答应帮他了，这时他的内心才会觉得十分喜悦，并且对帮助他的人的感激之情非常热烈，这就是我们常说的，人们总是对自己辛苦得到的东西视如珍宝，而轻而易举得到的东西不加以珍惜。

因此，我的观点是：**尽量别急着答应对方的请求。**

假如一个人跑过来寻求你的帮助，你就需要做出分析，这件事情对你而言困难与否？你们之间的关系是否可以到达帮助他的程度？当你做出决定想要帮助他时，记得别着急，先要说出自己的为难，帮他这个忙需要满足一系列的条件。

很多时候，我们在尽力帮助别人却没能得到相应的感激是因为在别人眼里这件事可能只是举手之劳，因此表达出自己的为难是非常有必要的。

在表达出自己的想法后，不必着急答应，可以选择再考虑一段时间，再给他答复，在他等待你回复时必定是充满期待和紧张的，这时你的一个电话，表示虽然很为难，但是愿意一试。就能让对方对你的帮助充满感激并印象深刻。

你越是好说话，别人就越不和你好好说话，做个好说话的人不见得会被人重视，很容易就成了一个出力不讨好的家伙，即使给予别人帮助，也要适当表达出自己的难处，人性就是这么有趣，让自己不再那么"好说话"，才能赢得朋友们的尊重。

⑧ 不可忽视的讨好型心理

别人拒绝你时轻描淡写，而你拒绝了别人却觉得自己犯了错。

如果你习惯于委屈自己来成全别人，却又因此而感到苦恼，明明知道想要拒绝，但老是开不了口，那你就属于心理学上所说的"讨好型人格"。

心理学上认为，讨好型人格是一味地讨好他人而忽视自己感受的人格，是一种不健康的心理状态。《讨好是一种病》一书中提到，习惯性讨好他人的人，常常会觉得自己在尽力做"一个好人"，这恰恰是一种对他人认可的渴望，唯恐拒绝了对方，就会不被认可，这导致了认知的失衡，对自己过于不自信，过于强调了别人眼中的自己。

这类人认为，只有在不断被别人需要，并且不断满足别人的需要时，自己的价值才会被体现，一旦不被人认可，自己就失去了价值。而这种观念会让人忽视自己自我价值的实现，人不应该用他人的价值观评价自己，苏格拉底强调"认识你自己"。人们应该追求自己内心渴望的东西，过于在意外界的评判会让人陷入无底洞——在满足他人却又丧失自我的矛盾中徘徊，讨好型人格的人都是极为矛盾的个体，而这种矛盾是感到痛苦的根源。

你是否想过，被你拒绝的人也许没有你想象中的那么失落？讨好型人格的一个表现就是极度敏感，他们同理心强，能够感知别人的痛苦，可往往也会高估别人的痛苦，不好意思拒绝他人其中一个原因就是担心自己对对方造成伤害，但事实上，被拒绝的人没有我们想象中脆弱，有着敏感内心的人总是想得太多，这就造成了对对方的过度同情。

其实，你的拒绝并没有那么惊心动魄，这只是一种生活常态，认清自己的责任和能力，不要因为不会拒绝加重自己的生活负担，也许下次，当你满足了足够的条件时，再去帮助身边的人也不迟。

⑧ 高情商的语言艺术

（1）直截了当地拒绝

直接拒绝是一种十分有效的拒绝方式，直接并且清晰地表达出自己的拒绝意图，这种拒绝看起来比较坚决甚至有点冷酷无情。

这种拒绝方式在人际交往中很少被用到，但是在与陌生人之间却十分有效，比如回绝广告推销、骚扰电话、保险推广等，直接拒绝言语直白，不建议在和朋友相处时使用，因为这种拒绝完全没有给对方留面子，对方无法心平气和地接受。这种拒绝的坚决性在拒绝广告推销时却十分有用，因为你一旦表现出委婉和犹豫，他们会马上变本加厉，给你带来更多的推销产品。

（2）委婉拒绝的表达方式

生活中，当别人向你发出请求时，一种是向你寻求帮助，一种是向你发出邀请。不论是哪种情况，他预期的是希望你能答应。

这时如果遭到了拒绝，会给人一种"不给面子"的感觉，比起西方文化，东方文化中长大的中国人更能体谅别人的感受，顾及别人的面子。

因此在拒绝别人时，总是要先以道歉为开场白，然后明确地表达出自己的理由，最后即使自己没能帮助对方，也要替对方想想办法。

例如，当朋友让你下午过来帮他维修一下电脑，但你下午没有时间，就可以这样跟他说：实在不好意思，赶巧了，我下午正好约好了和客户谈合作，没有时间过去，你着急用吗？要不明天我再过去，或者我看看能不能找个别的朋友过去先给你修一下？

这一番拒绝中，既表达了自己的歉意，说明了理由，还给对方提出了其他方案，让对方感到舒适，不会因为被拒绝没有台阶下，如果朋友识趣，会回复你说：真是赶巧了，你先去忙吧，别麻烦别的朋友了，我再想想别的办法。

还有一种先表示认同，但是后面表示很无奈的拒绝方式。

比如同学婚礼邀请你去参加，但是你不想去或者没时间，就可以先表达出自己对同学结婚的祝福，感慨一下时光飞逝大家都要成家立业了，并且表示自己真的很想见证这对新人的婚礼，但是后面表示很可惜，自己在外面恐怕赶不回去，看情况如果能去一定会去的，以此拒绝显得十分得体。

（3）换一种方式间接表达拒绝

语言之所以是一门艺术，在于它的千变万化，形式万千。

特别是中国的语言艺术，委婉含蓄地表达真实想法，带有间接性的暗示。

我们来看看下面这组对话，体会一下这种表达技巧：

A：我最近真的是压力太大了，买了房子车子，榨干了家里所有的积蓄，还欠了银行一大笔钱，孩子还得上学交学费，真的不知道怎么办才好。

B：你真的是很厉害了，现在有车有房，我要是能像你这样也行啊，我现在是一穷二白，啥都没有，你就知足吧！

根据字面意思，A在向B抱怨自己压力太大，手头太紧，孩子上学的学费不知道怎么去凑，但是里面也包含着向B寻求帮助的意思，但是表达得十分委婉。

B已经听明白了A寻求帮助的内在意思，但是可能出于某种原因没有办法帮助A，索性就当没有听懂A的意思，直接根据A的表面意思，把A夸了一番，还建议他知足，并且又表示出自己一穷二白，如果A向他借钱，自己也无能为力，表面是在夸A，实际上表达的是一种拒绝。B假装没有听懂A的话，就根据表面意思做出回答，这样的拒绝完全不会让对方没有面子，自己也合情合理地把对方夸了一番，并且不会伤害到双方的感情。

我们再来看一组对话，以接受的方式表达拒绝。

> A：小张啊，今天你再把×××项目的设计图纸做出来吧。
>
> B：老板，我手头上还有一堆活没做完呢，今天实在没时间做啊。
>
> C：收到老板！对了，我手上你昨天给我的项目还没完成，人家也着急用，要是我今天加班都做了也行，就是恐怕太仓促了达不到预期效果啊，要不然你再找个人帮帮我呗？

职场上，这种上一个工作没有做完，老板就又给加工作的情境非常常见。要如何才能拒绝这种无止境的加班呢？

B是非常常见的拒绝方式，表示出自己无法完成的理由，看起来也合情合理，但是在老板看来对方的拒绝好像是在找借口不想多干活。

C非常巧妙地以退为进，直截了当地接受了老板的要求，紧接着又表明手头活太多，要是一起今天完成，肯定会影响质量，给人带来一种愿意做但是又很无奈的感觉，后面他又提议让老板给他找个人帮忙，给老板提出一个解决方案，完美地拒绝了请求，又不会让老板觉得他不愿意多干活。

拒绝其实也是需要技巧和手段的，可以利用暗喻、暗示，以退为进……生活中还有许多的拒绝方法，需要结合当时的场景具体问题具体分析，避免给别人带来不适感，影响到人际关系。

3.
当代都市青年生活指南

　　《欢乐颂》是一部近年来为数不多的国产好剧，仔细品读你一定能够看得出作者阿耐处理人物关系的精湛。它不仅仅描述了五位女孩在上海都市中的喜怒哀乐，更是诠释了当地年轻人的现实写照，反映出现代年轻人在职场和生活中面对困境、爱情、友谊、家庭的选择，有无奈、有决绝、有欢喜、有悲痛，这部剧戳到了很多年轻人的痛点，也让我们反思生活。

　　很多人都想活成安迪一样成为社会精英，过得像曲筱绡一样任性妄为，现实却是，活得像邱莹莹，过得像关雎尔，最后被生活逼成了樊胜美。在《欢乐颂》中，我们似乎能够看到自己的影子，但我们也不知道自己最终活得像谁，更像是生活的剪影。

　　《欢乐颂》播出两季，我们一起数数追剧后给我们带来的感触和生活指南：

⑧ 你的人际关系并没有你想象的那么好

　　樊胜美在上海打拼多年，凭借自己自身HR的身份认识了各色各样的人物，自己也经常游荡于各种社交聚会，平时一起喝酒蹦迪的朋友不在少数，当她自以为社交深广的时候，她的父亲脑出血住院做手术急需用钱，她拼命地打电话向那些平时看起来体面的朋友借钱，电话一个个往外拨，结果根本没有人愿意搭理她。

　　曾经一起称兄道弟喝酒吃饭唱歌蹦迪的人，在你急需帮助时可能就是消失得无影无踪的人，你以为认识了有头有脸的人物，他们可能压根没有把你放在眼里，那些酒肉朋友，不要太过于当真，有的人拼命地结交人脉，就以为自己人际关系甚广，人缘甚好，可朋友不在于多而在于精，不在于广而在于人品，狐朋狗友一大堆也不过是浪费自己的精力和时间。

⑧ 恋爱时保持矜持，深入了解对方

　　涉世未深的邱莹莹爱上主管白渣男，为爱死去活来，结果白渣男是个玩弄感情的情场老手，邱莹莹被甩后痛不欲生。后来遇到了应勤，应勤老实本分，本以为真爱就此来临，结果应勤是个保守派，嫌弃邱莹莹不是处女的身份。

　　邱莹莹每看上一个人，就觉得对方值得自己去付出一切，殊不知不矜持的女生得不到男生的重视，轻而易举就能得到的东西就显得廉价，在恋爱时保持矜持，发展缓慢一些也没有关系，最重要的是要深入了解对方，每个人都有性格缺陷，很多时候你爱上的是你自己想象中的恋人模样，相处后就会发现对方的种种缺点，这时你需要评估，自己是否可以接受他，再来进行下一步，不要早早地下结论，不然最终发现对方不是自己想象的样子，受伤的还是自己。

⑧ 有文化更会被人尊重

一个健康的社会永远都会对文化十分重视，尽管曲筱绡是个富二代，一开始，高学历的赵医生还是因为曲筱绡没文化对她没有好感。安迪作为学霸级的高才生，遇到问题沉着冷静，在樊胜美家通过医学的知识看出了逼债人讹人的诡计，最终赢得胜利，因为自己的文化素质高，在五姐妹中备受尊敬。

尽管现在"拜金主义"风气盛行，但是绝不是社会的主流，物质的泛滥弥补不了精神的匮乏，人类无论发展到哪一阶段，文化都是备受推崇的。现实社会，富人走到哪里都花团锦簇，但是富人依旧欣赏甚至崇拜知识分子，文化人永远都是国之栋梁。

没有人看不起一个博览群书、知识渊博的人，读书让人从内到外散发出文化的气质，谈吐为人之间就能体现出有文化和没文化的区别。

⑧ 可以请求帮助，但不要依赖别人

樊胜美的整个青春被家庭拖垮，自己的哥哥嫂子不争气，一家人依赖樊胜美一个月一万多的工资生活，还摆出一副理所应当的样子，影视剧反映的是许许多多中国重男轻女家庭的现状，女生需要牺牲自己的生活来拯救弟弟或者哥哥，在这样陈旧观念的家族中，女孩的牺牲是被默许的。

樊胜美的哥哥像个寄生虫，拖累了整个家庭，却因为是骨肉至亲，绑架了樊胜美的人生，樊胜美的妥协也助长了哥哥的懒惰，有句话说可怜之人必有可恨之处，她生活中的悲剧一部分源自自己不够决绝。

同楼层的五个姐妹，尽管贫富不同，但只要在生活中遇到了不顺，她们都会相信自己，在需要帮助时也会伸出援助之手，而这种帮助是"拉一把"，不是完全替你分担，人是需要他人帮助的，前提是你要自己先尽力，完全依赖别人会成为别人的附庸，人人厌恶的寄生虫。

⑧ 无论处于何种境地，都要好好生活

纸醉金迷的大上海，上演着人间百态，看着摩天大楼灯光闪烁，豪车云集，想必每个人都会流露出羡慕的目光，《欢乐颂》给我们演示了上流社会的品质生活，安迪是靠自己的奋斗取得高学历跨入精英阶层成为企业高管的，曲筱绡本身就是富二代，但依旧努力做好自己的公司，证明给父亲看。

　　她们过着多数人可望而不可即的生活，而作为普罗大众的我们，或许就是那个邱莹莹，家境一般性格单纯，能力并不出众；或许就是那个樊胜美，工作努力晋升经理，年纪不小依旧前途渺茫，因为家庭无法过上想要的生活；或许就是那个关雎尔，学习优秀，性格温顺，面对未来纠结而彷徨，但无论处于何种境地，她们都在努力地生活。

　　出身、相貌、命运难以改变，努力不一定获得成功，但是用心去生活，明天一定会比今天更好。

4.
生活充满希望，
用自由救赎灵魂

　　美国电影《肖申克的救赎》无疑是经典电影中最具魅力的好片子，经久不衰，是我最喜爱的电影之一，这部电影我看了三遍，对它有了更加贴近生活的理解。

　　第一次看这部电影是在大学课堂上，那天放学后内心久久不能平静，最为震撼的是男主角安迪的毅力。

　　立马跑到豆瓣、贴吧上看影评，影评大多是对电影的人物分析，情节的叙述，还有对电影镜头的分析和评判，但是这些精彩的影评并不是我想要的。

　　我还需要进一步思考，这部电影对我的生活能产生哪些改变，它的内涵和带给人的震撼需要我去好好体会品味，才能够为我们的生活中带来启示，我认为一部经典电影的成功，不是观众为它流了多少泪或者技法上的成熟，而是人们看了它以后对人生产生了影响。

　　对于人物、故事情节的分析，我不详细描述，只谈谈这部电影对我的生活的启示。

　　电影的情节讲的是一个含冤入狱的金融高智商男用一把小榔头挖了20年地道成功越狱的故事，他用他的毅力和坚持告诉了我们成功需要坚持不懈地努力，那么电影仅仅是告诉我们要坚持所要达到的目标吗？显然不仅于此。

⑧ 没有了希望如同行尸走肉般地活着

　　这部电影最为突出的主题是坚持和希望，在一个等级森严、封闭空旷而又让人丧失斗志的监狱里，人冷漠到没有丝毫的生机，就像瑞德在台词中说："在鲨堡（监狱），希望是个很危险的东西。"

　　在监狱中人们看不见未来，似乎一眼就能够看到接下来年复一年一成不变的生活。瑞德是一个监狱的老手，没有搞不到的东西，他在别人眼里睿智且老练，他用过来人的经验告诉来者，在这里没有希望。

　　就像我们生活中的那些"过来人"一样，用他们几十年的生活经验告诉年轻人世界应该是个什么样子的，你需要这么做……其实最终我们会发现，大多数人都是那位老瑞德，在命运的车轮里选择了循规蹈矩，很多时候他们像瑞德一样并没有去突破去抗争现实，成为向现实妥协的大多数。

　　我们的主人公安迪带着一开始就打算离开监狱的信念，他向瑞德要了小榔头藏在一本《圣经》里，开始了多年的在别人看来不可能完成的计划，20年如一日，在监狱里用一个小榔头挖出了地道，他最终成功越狱并在写给瑞德的信中说："Remember, hope is a good ting, maybe the best of things, and no good thing ever dies.（记着，希望是美好的，也许是人间至善，而美好的事物永不消逝。）"这句话可能就是这部电影想要告诉人们的吧。

⑧ 追求自由，救赎灵魂

除了上述的坚持和希望，我认为电影对我而言最大的启发是对自由的向往，监狱里的人像笼子里的鸟，监狱就像某种体制，电影中监狱里的人人性复杂多元，形形色色。

这其中所出现的人物中，有监狱长表里不一的阴险圆滑，有老布对监狱生活的麻木和依赖，有三个姐妹花的欺软怕硬，有警官的奸诈狡猾，有安迪和瑞德的情谊，这个监狱就像一个小社会，诠释了人性的繁多种类，世态炎凉，牢笼是对人身和思想的限制，主人公的出现就是为了打破牢笼，追求人性的自由和解脱。

老布在监狱里度过一生，在牢笼里已经变得麻木，当他被释放获得自由的时候却选择了自杀，身体的自由弥补不了被牢笼扼杀的灵魂，牢笼给予了他安全感，我想一开始被关进监狱的那天，老布也是幻想着有一天可以重获自由。

但当这一天真正来临时，他却感到了恐惧，习惯了困在自己的小世界里无法自拔，再出来已经物是人非，无法获得自由和救赎，仔细想想，我们的生活中是不是有很多的老布，和将要步入老布的行列的人呢?

安迪入狱那天开始就没有抱怨,就开始筹备如何越狱,生活的不公没有扼杀他的希望和对自由的渴望,他建立图书馆争取满足不多的精神需求,最终越狱后他带着狱长的钱开车飞驰而去,世界那么大,怎能一辈子困在牢笼里?最后瑞德出狱后和老布一样无法适应生活,看了老布刻下的话决定去找安迪,电影以瑞德找到安迪两人拥抱结尾,这一抱,包含着多少的心酸和对获得自由的喜悦。

人的一辈子极其短暂,死后又如同从未来过这个世界,为何自己给自己套上一个个枷锁,让本已艰难的生活雪上加霜呢?

安迪象征着打破牢笼者,并且影响了身边的人。

⑧ 摆脱现状,活出自我

电影的名字——肖申克的救赎——也是指对人灵魂的救赎,就像电影中安迪让警官请犯人们喝酒,建立图书馆,放歌给他们,其实都在让他们感觉自由带来的美好,感觉到精神上的愉悦,可是一群麻木的人中,又有几人能懂呢?多数人最终会被现实打败。安迪用毅力和保持希望的心态最终得到了自由,没有希望的沉沦是可怕的,没有毅力的追求则是空想。

安迪遵循自己的内心,他渴望自由,渴望打破牢笼开一家小旅馆。

作为现实中的我们,我们又在社会中充当什么样的角色呢,抛开电影本意,监狱在我们生活中象征着什么?我们是否也扮演着监狱里的某个角色？

就好比那一封"世界那么大，我想去看看"的辞职信，让无数人为之惊叹，那种对自由的向往，冲破传统思想的豁然开朗，是不是也如电影一样，当我们一眼看到了以后几十年的未来，当我们对于现实的依赖已经麻木，我们的灵魂是否能够得到救赎，向往自由的心能否保持不变？

电影中主人公逃出监狱开车离开的那一个画面触动了我，对于年轻人，我们有选择自由的权利，我们的生活是怎样的由我们自己做主，像电影中主人公那样带着希望自由去努力，铁杵必能磨成针，当一个人没有了希望没有了动力妥协了传统和人云亦云的言论，我们的精神该如何满足？

人不一定非得接受命运的安排，也不一定要站在命运的对立面，最重要的还是得认清自己，找到最真实的自己。《肖申克的救赎》中的监狱，象征着"体制化"的生活，在这种环境下的人们麻木且无趣地生活着。

电影中监狱对于每个人来讲都不一样，对你而言，你的监狱是什么？或许是某种体制，是你的公司，或许是你的家庭，或许是你所处的地位，或许是你的懒惰，或许是你的压抑和烦恼……它们限制了自由和原本我们初衷的心。

卢梭说："人生而自由，却无处不在枷锁之中。"每一个人身上都套着一个个枷锁，而人类之所谓伟大，就是能够不断打破枷锁突破自己，自由不是一种绝对状态，世界上也没有绝对的自由，自由是一个动态，是人类不断去完成的过程。

如果你能看完电影想到自己的处境，并在生活中有所行动，我觉得才是看经典电影的意义。

5.

与人冲突，
是一种能力

你知道吗？好欺负的人一眼就能看得出来。

就好像在脸上写着：我很好欺负哟，来欺负我吧！

当你吃了亏，受了委屈时，你明明很生气，明明在心里把对方骂了一百遍，但是却从不敢表达出来，生怕看到场面一度陷入僵局，生怕自己成为被别人讨厌的人。

事后你会下定决心，下一次再这样时，你一定要从正面反驳他，不能让自己成为一个受气包，每次都是苦不堪言。可真的有下一次时，你还是不敢说，心里想着多一事不如少一事，过去就好了。

偶尔有一次，可以鼓起勇气表达自己的不满时，因为声音不大，不够坚定，对方轻而易举地就可以找个理由搪塞过去，你又只能默默忍受。

所以你变得不爱说话，不爱争执，不爱反驳，而避免冲突最便捷的办法就是减少社交，人群中，你格格不入，形单影只，你以为这样就可以和那些欺负你的人断绝关系了，直到你听到，别人评价你孤僻、古怪、阴沉、拐弯抹角、不好相处……

你是个老实人，也很善良。这可能是你受到过最多的评价，你不愿意让别人难过，不愿意拒绝别人，不愿意让对方感到难堪，为了做到这一点，你选择委屈自己，但你的苦恼在于，你不想这样，只能一个人生闷气。

一开始唯唯诺诺，到后面就在别人心中形成了"好欺负"的印象，再去说不时，就很有可能遭到严厉的批评，你或许感叹不公，为什么有的人明明吹毛求疵却还有一群人对他毕恭毕敬，自己人畜无害，反倒是处处不尽如人意。

生活中的"老好人"并不受人尊重，人性总是欺软怕硬，"人善被人欺，马善被人骑"是非常有道理的，你可以善良，但你的善良也要有点锋芒。

十多年前，我们的教育往往是教一个人如何变得善良，如何乐于助人，但是现在我想说，我们的大众缺乏的不是善良，而是与人冲突的能力，拒绝他人的能力以及敢于被人讨厌的勇气。

你需要明白一个前提，我们的人生，不是为了得到他人的认可，满足他人的期待，而是成为最好的自己，在传统的观念中，我们总是在和别人对比，挑出一些比自己优秀的"别人家的孩子"和自己对比，一次次对比的失利，自卑的根就在心里扎下了，不管自己怎么样努力，还是有比自己更加优秀的人呀。

如果正视你的内心，你努力工作、好好学习只是为了满足别人的期待，成为别人口中的优秀者，那么你就是在为别人而活，在与别人的对比中劳累一生。

　　而当你反思自己的人生时，应当要想到，满足别人的期待，自会委屈自己这宝贵又短短的一生，自己珍贵的生命为什么要为他人而活呢？

　　当受到委屈时，大胆地说出自己的不满，最坏的结果不就是被别人讨厌吗？被讨厌了又有什么关系呢？再进一步就断绝往来，一个爱自己的人怎么会让自己受委屈呢？

　　你要知道，去改变一个人的成本太高，遇到与自己不合的人相敬如宾是最有效的方法，及时说出自己的想法可以止损，防止对方进一步对你造成伤害。

　　你之所以一直不愿意做出改变，是因为内心不想改变现状，就算是对目前的生活有着种种不满，但是不去改变你会感到逃避后的轻松，如果你作为一个"老好人"受到不公，这种不幸其实是自身不愿意改变的结果。

　　你不把自己当回事，别人也不会把你当回事。

　　因为没有勇气面对生活，可你得知道，获得自由的过程中需要一些阵痛，需要过滤好友，需要对自己进行改造和训练，才能蜕变成自己想成为的样子。

　　每个人都有独特的价值，如果你选择放弃自我，迎合别人，委屈自己，成全别人，是你给了别人伤害你的权利，那么你将在讨好和谦卑中度过一生。

　　没有人可以让所有人喜欢，想要得到尊重，就得在善良中带点脾气，脾气是自我防御的信号，当别人收到信号时，自然会有所收敛，但如果你一直发出没有信号，别人也就不会知道你的底线。

　　与人冲突，是一种能力，需要直面恐惧不断练习，这是人合理的自我保护机制，不要试图用讨好和让步获得别人的喜欢，一个人的自我价值不是用卑微来体现的，人们喜欢的永远是你自信、骄傲、勇敢的样子。

6.
美酒虽好，
但别强人所难

01.

　　我想很多人的童年都有个酒鬼父亲。在我小时候，我就对酒生起一种厌恶的心态，原因是我的父亲嗜酒，每一次父亲和一群狐朋狗友出去喝酒都喝得大醉，回来后跟母亲吵架，我在一旁哭喊，却无济于事，至今在我的脑海中留存下来的支离破碎的儿时记忆，大多是父亲喝完酒打骂母亲的场景。

　　小时候最不待见父亲的那一帮狐朋狗友，对父亲酗酒却无能为力的我只好把责任推卸到爸爸的朋友身上，对那些叔伯我从不尊重，他们便说我不懂事，只有我自己知道，我之所以那样做，是因为太早懂事，懂得爱惜家人的身体，懂得维护家庭的和谐。

　　我怪罪父亲的朋友其实也并不是完全没有道理，因为他们喝酒的方式是不把人灌到烂醉就不叫尽兴。

　　父亲现在基本上已经戒酒，他早些年因为酗酒得了严重的慢性结肠炎，看病花光了家里所有的积蓄不说，疾病给人带来的痛苦是不言而喻的，吃一堑长一智，那几年，疾病带给我们家庭的重创让我们日日郁郁寡欢，好在父亲不是不通情理，他在我和母亲的千叮咛万嘱咐下终于把酒戒了。

因酒破坏了一个家庭，这是大家常常都能听到的事。

02.

我的家乡在山东的鲁西南地区，这里是山东最为豪放的地方，饮酒文化自然也根深蒂固，要说优点，山东自古是礼仪之邦，山东人为人豪爽、待客厚道，缺点是遗留了一些封建陋习，长幼尊卑的观念依旧盛行。

入座时，位置也有很多讲究，坐主人左边的是"主宾"，右面的是"次宾"，与之相对应的，左边挨着主宾的叫"副主陪"，右边挨着次宾的叫"次陪"，其余人就可以随意落座，但是往往身份地位更高的会主动坐在里面。

酒桌上的规矩繁多，有句顺口溜形容得十分生动：主陪靠威望，副陪靠酒量，三陪靠胆量，四陪靠色相。

第一杯酒，由主人带着大家喝，一般主人会说几句开场白，客套几句，定上喝酒的标准，这个标准是指一杯酒分几次喝完，多数时候是六次，寓意着六六大顺。后面的酒分别由主陪同样客套一番，带着大家喝，半斤酒下肚后，大家都已经面红耳赤开始兴奋，这时可以自由敬酒，其间劝酒的花样百出，一顿饭大约要吃三小时，边吃边喝边聊，每个人不喝到一斤很难离场。

　　用现代人的眼光来看，这些规矩体现的是封建时代严苛的等级制度，似乎，你不按规矩出牌别人就会不待见你，会不带你玩，甚至会说你不合群，然后冷落你。大多数即使不爱喝酒的男人，都受制于这种鄙视链的种种压力，为了表现出自己的合群，维护面子，都会开始练酒量，这种环境下，不会喝酒的人反倒是稀奇人物。

　　当然，这种现象不是山东独有，遍布整个中国，在文化传承过程中，遗留下来的有精华也有糟粕，我们需要做的就是取其精华，去其糟粕。

　　前段时间同学聚会，在排座上依旧讲究，曾经感情纯正的同学非得靠着那些场面话、客套话来表达情感，难道所谓的成熟就仅仅是戴上一张面具吗？我一个同学秉着一股豪情让在场的人每人都给他敬酒，别人喝一杯他喝三杯，喝了一圈，自己逞能说没事，在社会上混不练练酒量怎么行？结果自己借着上厕所的理由去吐，吐完接着喝。我十分不理解他为什么要这般逼迫自己，只是为了练酒量能在众人面前显示自己能喝？或者在酒场上能够获得足够多的面子？

　　从那以后我就不想再参加这类聚会了，一来没有共同语言，二来观念上差别很大。

　　在我们接受的家庭教育中，不少父亲在我们到一定的年纪时就会让我们学习喝酒，那些所谓的在人情世故上用酒才能好说话的理由，不会喝酒的男人没办法在这个社会生存的说法开始在我耳边多了起来，当一个社会大多数人认同一件事的时候，它似乎就成了真理，不可动摇。

　　因而在饭局上，彼此假心假意地敬酒，说着客套而不切实际的暖心窝子的话，这样表达一种感情，我说不上来为什么朋友亲戚的真实情感要用虚伪来包裹，用客套话来伪装，用逼人喝酒来表达，所以有了一句广为流传的"真理"：感情深一口闷。

用"不喝就是不给我面子"这种带有威胁似的言语劝人喝酒，本质上是一种权利的要挟，对他人的服从性锻炼，一杯酒就可以给自己长脸面，可见他们内心是担心被别人瞧不起的，不曾拥有强大的内心，骨子里还是深深地自卑。

我想每一个为他人着想的人都不会让自己的朋友喝太多的酒，因为每个人都心知肚明那并非好东西，中国人好面子，如果好到自欺欺人的地步不见得是件好事。

03.

我见过很多媳妇管着丈夫不让喝酒，在吃饭的时候媳妇总是苦口婆心地说着少喝点少喝点。她们其实内心是反感劝酒者，只是管不了别人只能管自己的丈夫，可男人是为了面子可以不顾一切的动物。有的人是迫不得已，为了在社交关系中的地位，不得不喝；有的人是乐在其中，不仅自己爱喝，自己本身就是那个劝酒者。

"感情深一口闷。"

"不喝就是不给我面子。"

"我敬你一杯，先干为敬了。"

"男人不喝酒，枉在世上走。"

"酒是粮食精，越喝越年轻。"

滔滔不绝的劝酒话让你不得不从了他，如果你并不想喝却被逼迫，那种感觉并不好受，只在意自己开心，不顾及他人的身体健康和心理压力，打感情牌或者拿自身地位来压迫让人不得不服从，从本质上讲，劝酒者是不在乎他人感受的利己主义者。

很多人用"小酌怡情，大饮伤身"来自己安慰自己，甚至有人对有一些适量饮酒可以软化血管，用龟蛇中药炮制药酒可以延年益寿等谣言深信不疑，不良商家宣传每天一杯红酒可以预防心脑血管疾病是对人们生命安全的不负责任。

2018年8月，世界顶级期刊*The Lancet*（《柳叶刀》）发布了一项重大研究成果，研究表明：即使少量饮酒，也会对健康造成伤害，而长期大量酗酒会对身体造成严重损伤。

饮酒是世界第七大致死因素，也许你会反驳说自己的某位亲戚，每天都会喝酒，照样活了90多岁，这种人本身就有着长寿的基因，也许不喝酒能够更加长寿，人们之所以喜欢盯着这种个例，忽略酒的危害，很大一部分原因是酒对人是间接伤害，你的身边一定会有一些患有心脑血管疾病的中老年群体，高血压、高血脂、高血糖、冠心病、心肌梗死、动脉硬化、脑出血……全世界每年死于心脑血管疾病的人数高达1500万人，居各种死因的首位。

在50岁以上人群中，大多数酒精引发的死亡的疾病是癌症和心脑血管疾病，研究发现，酒精对于人体的损伤是不断储积的，年轻的时候喝酒看不到太大影响，经过常年累积，到了中老年时期身体各个器官就会显现出严重损害。

前两年，我好朋友的父亲，因喝酒去世了。一年前，我父亲的战友因为喝酒死在了酒桌上……

我们都知道，酒是一级致癌物，好多人都在强调"喝酒是迫不得已，要想社交就得喝酒"，这个观点我是极为不赞同的。

我特地观察过酒场上的人，爱喝酒的没人劝也玩命地喝，因此酒精能够使人上瘾，给人带来快感。抛开一小部分不得不喝的场景，大部分男人都是自己想喝，管不住嘴罢了，那些不得不喝的借口只是用来搪塞妻子孩子。

那些因酒导致的家庭悲剧，有人会把他们的不幸归结为大环境，在小地方办事工作不得不喝，我把他们的不幸归为观念。

因为观念传统闭塞，人云亦云，不能坚持自我。

我身边的长辈也有滴酒不沾的，也有最多一杯的，反而这种人非常自律，家庭关系也处理得非常和谐，那种圆滑油腻爱喝酒的，尽管交友广泛，家庭却不那么幸福。

04.

我认为作为一个有责任心的父亲，对家庭最大的爱和责任就是爱惜自己的身体。而不是为了所谓的事业去酒场海饮，或者和酒肉朋友一起吃喝玩乐，当你失去了健康，拥有再多的财富也无济于事。

曾经我父亲嗜酒如命，因为得了重病戒了，其间有一次以为病好了又开始喝，那天我跟着他去聚会，饭桌上很多人劝他喝酒，后来当着一桌子长辈的面，我把酒杯狠狠地砸在了地上，砰的一声响，让我爸脸面尽失，也让所有人大吃一惊。

他们都开始数落我不懂事，我承认，我就是那个"不懂事"的人，因为我从来都是不迎合别人的人。

因为我"不懂事"，我不想看到我爸旧病复发，我宁愿用这种方式给我爸警醒，最后落个"不懂事"的称号没有什么不好。

回到家我给我爸写下条约，我说为了我和我妈，请你放弃酒吧，这才是真正为了这个家。这件事过后，我爸每次在酒场上都说身体不好以茶代酒，时间久了，大家也就不会多劝了，尽管如此，完全没有影响到他和朋友们的关系。

通过这件事，我个人的启发是，人最大的资本是健康，所有说不得不喝的都是借口，为了自己的健康，为了家庭的幸福，也得好好对待自己，不要为了讨好别人或者为了面子做愚蠢的事。

有人也许会说无酒不欢，尽管知道喝酒带来的种种坏处，但是就是喜欢喝，就像明明知道汉堡是垃圾食品，但还是喜欢吃，人不是纯粹理性的动物，如果真的想要健康，不如每天按照营养成分表搭配出健康的饲料吃岂不是更好？如果这样人生将毫无乐趣。

这种说法是有一定道理的，我自己也爱酒，我对红酒、黄酒、白酒、清酒都略懂一二，正是因为爱酒，看到酒桌上人们灌人喝酒，以多为荣，才会感到中国酒文化被人糟蹋得不成样子，我认为喝酒不是不可以，要有三个原则：第一是适量饮酒，第二是自愿饮酒，第三是有疾不宜饮酒。

饮酒讲求自愿和心境，是一种自由和洒脱，遇到良人把酒言欢是人生一大快事。

是白居易口中的"晚来天欲雪，能饮一杯无"。

是李白口中的"人生得意须尽欢，莫使金樽空对月"。

是苏轼口中的"休对故人思故国，且将新火试新茶。诗酒趁年华"。

美酒虽好，要与对的人共饮，切莫强人所难。

05.

我们追根溯源，中国人为什么会有劝酒文化呢？不劝人喝就觉得好像招待不周。

中国人的表达方式委婉含蓄，比如中国人送礼，客人来送礼主人肯定出于礼貌要谦让，用方言说叫"作假"，反复推让几回，一来二去间才把礼物给收下了。

酒就像那个礼物，在贫穷年代酒很是珍贵，不是天天都能喝到的东西，每逢喜事或者过节亲友聚在一起，把珍贵的酒拿出来互相谦让，让别人多喝点这来之不易的佳酿，生怕客人不好意思喝，所以要反复地推让。

可时代变了，现在酒人人买得起，甚至可以天天喝到，酒也不是以前珍贵的佳酿了，但是当习惯形成了一种规范，规范有了文化的底蕴，就成了一种习俗，有的人利用习俗，以酒作为攀比的工具，就变味了成了陋习。

酒文化的背景是礼节、谦逊，是中国人独特的魅力所在，但不是所有的文化都全盘地传承，有精华就会有糟粕，能够不畏他人的眼光坚持自己的人，能够继承优良传统而摒弃陋习的人才是真正的生活家。

　　学会拒绝是一种自我保护，当别人劝酒时，我们可以采用委婉的方式拒绝，比如开车去吃饭，声称自己有慢性病，说自己对酒精过敏，偷偷把酒换成水……只要是自己不情愿就得学会拒绝，一般刚开始时大家还是会劝你，但多拒绝几次形成习惯也就没有人劝了。

　　拒绝他人的方法有很多，我想说的是：酒品如人品，如果有个人逼着你喝酒，不停地劝你，你就应当知道他是个什么样的人，大可拒绝了他。当我们努力做自己的时候，在尊重自己的内心的道路上，必定将会引起许多人的厌恶，而那些厌恶你的人也没必要与之来往，从中筛选出真正的朋友，反而过得开心一些。

　　我自己喜欢收集各种类型的陈年佳酿，那是粮食沉淀的精华，慢慢品尝那是一种惬意和优雅，酒逢知己千杯少，古有李白酣畅淋漓借酒抒发情怀，现如今白酒红酒啤酒琳琅满目，体验学习多元化的感受和酒的制造过程，酒的内涵和品位，给我们生活带来了不少的乐趣，所以，酒是用来品的不是用来拼的，酒不像烟一样有百害无一利，怎么饮酒就得看不同人不同的理解了。

　　坚持自己本心而不在意世俗的眼光和讥讽的人往往是少数，世界就是需要大多数人相互迎合他们所规定好的生活方式。

　　偶尔和朋友喝瓶啤酒，活跃气氛也是挺好的，跟朋友聊天，我也会把这种思想传达出去，我们用心做好自己，坚持自我，就难能可贵了。

7.

读心术：
人际交往中的实用心理学技巧

⑧ 首因效应

  首因效应也叫第一印象效应，在人际交往中，双方形成的第一印象对以后彼此的关系影响深远，哪怕这个第一印象并不能代表这个人的真实情况，但在心目中的记忆是最深刻的。心理学研究发现，接触一个人45秒，就能产生第一印象，也就是说，人与人之间的好感真的是"始于颜值"，通过 个人的年龄、相貌、穿着、动作、气质、表情来判断一个人的内在修养。

  生活中利用这一效应的情境并不少，比如"下马威""新官上任三把火"，人们参加面试、约会、聚会时就需要给别人带来好的印象，在这方面需要给自己下一点功夫，特别是外在形象上打扮得体时尚，谈吐举止表现得落落大方，这样就能给人带来长期的好感。

⑧ 登门槛效应

前文中我们提到过，鲁迅在《无声的中国》写道：这屋子太暗，须在这里开一个窗，大家一定不允许的。但如果你主张拆掉屋顶，他们就会来调和，愿意开窗了。

这就体现了心理学中的登门槛效应，一个人一旦接受了一个微不足道的小事，就可能接受更大的要求。

比如你想要向朋友借1000元钱，但又担心被朋友拒绝，于是你向他借100元钱，这时朋友一般都不会拒绝，把这100元钱隔一天还给他，再向他借1000元钱，这时朋友极有可能就会借给你。

上文中鲁迅说的正好相反，但道理都大同小异，他先提出一个大的要求，然后再假装妥协放低要求，这时一般不会有人再去拒绝。

⑧ 酸葡萄效应

酸葡萄效应起源于《伊索寓言》中《狐狸和葡萄》的故事，狐狸本来很想吃到葡萄，但是无论他怎么跳，都没能摘到葡萄，所以只好自我安慰，说葡萄是酸的。

《酸葡萄效应》一书中提到，尽管我们不屑以恶意揣测别人，但对别人的恶意攻击决不可温柔相待。生活中有很多人，不希望别人比自己过得好，一旦发现别人过得好就会产生嫉妒心理，费尽心思去诋毁对方，他们表面看上去也许和蔼可亲，但是却城府极深，对于这类人，趁早远离是最有效的自我防卫。

⑧ 富兰克林效应

富兰克林效应是指，让别人喜欢你的最好方法不是去帮助他们，而是让他们来帮助你。

一味付出可能并不能换来回报，但引导别人为自己付出却更有效。

生活中我们不难发现，好的人脉关系都是麻烦出来的，害怕麻烦别人并不是好的习惯，人与人之间的交情就是在互相麻烦中得到加深，如果你想和某个人建立关系，就试着请他帮你一个小忙，这会让人感受到你对他的认可，从而拉近彼此的关系。

⑧ 共情能力

共情能力是一种理解他人情绪的能力，设身处地为他人着想，也就是我们平时所说的将心比心，因为每一个人的共情能力有所差异，现在社交中将具有较强共情力作为重要的能力之一。

共情能力能够给人带来智慧和洞察力，能够感知他人的内心和想法，共情能力弱的人往往对别人的痛苦不敏感，缺乏同理心，为人处事更为利己。

我有一个测试共情能力的小技巧，虽然并不完全科学，但也具有一定参考意义，当你和一个人去电影院看电影，别人被电影中的情节感动到落泪而他却波澜不惊，很有可能他的共情能力并不高。

⑧ 晕轮效应

晕轮效应就是人们常说的光环效应，它本质上是一种他人以偏概全认知的偏差，比如面对一个长得非常帅气，着装高档的人，你的内心就不自觉地认为他非常优秀，并且他所说的观点你会表示认同。相反面对一个长相不佳打扮不得体的人，你会看他哪里都不顺眼，全盘否定他们的行为。

这也是为什么追星族那么疯狂迷恋明星的原因，在生活上，也有很多晕轮效应的案例，比如"情人眼里出西施""爱屋及乌"，喜欢一个人顺带会喜欢他的一切，讨厌一个人也会毫无理由地讨厌他所做的一切。

⑧ 刻板印象

社会刻板印象是懒人的最爱，因为他们习惯将复杂的问题简单化，对事物进行简单的标签化，一旦事物被标签化，就可以进行分门别类，理性思考就此停止。

比如常见的"地域黑""种族歧视""男尊女卑"……刻板印象是一切偏见的根源，也是狭隘的心理特征。

《沟通的艺术》这本书认为，去除对他人的分类，试着把对方看作一个独立的个体，而不是你假定拥有某种共同特征的群体中的一员。

⑧ 吊桥效应

吊桥效应非常有意思，它是指当你走在一个吊桥上，吓得浑身发抖，心跳加速，这时如果你碰巧遇到一个人，你的大脑会将这个人和心跳加速联系起来，是因为对方才导致了自己心跳加速，因而会爱上那个人。

这个效应告诉我们，一起做一些让心跳加速的刺激的事情能够增进彼此的感情，如果你想追一个人或者想和另一半感情升温，那就带他去陌生的地方寻求刺激，比如看恐怖片、坐过山车、蹦极、跳伞、潜水……

⑧ 马太效应

"二八定律"告诉我们，世界上20%的人占据了80%的资源，马太效应讲的就是这个意思：强者愈强，弱者愈弱；富人越富，穷人越穷。

这 现象是1986年美国科学家罗伯特·莫顿提出的：相对于那些不知名的研究者，声名显赫的科学家会得到更多声望，即使共同完成同一个项目，最终的名誉还是给予那些已经取得声望的科学家。

在人际社交中，个人魅力强者会吸引到更多的朋友，通过朋友就可以认识很多人，扩大了社交圈子，我们要做的应当是提升个人魅力和价值，去吸引到更多的人脉，而不是去讨好奉承来获得他人青睐。

⑧ 峰终定律

峰终定律指的是，如果在一段体验中的高峰和结尾是愉快的，那么这段体验就是愉快的，反之，如果高峰和结尾是丧气的，那么这整个过程都会令人感到丧气。

在饭店里吃饭，里面的饭菜未必都可口美味，但是在饭后，老板多送一份果盘和甜品会让人印象深刻，对这家饭店产生好感。

和朋友出去玩，过程也许让人感到疲惫，回到家中朋友的一句问候：到家了吗？会让你感到对方的体贴。

"一个好的结局等于成功了一半。"

举行活动时，哪怕过程并不怎么样，在结尾时愉快收场会让人对这次活动评价颇高，但如果是不欢而散，别人也许就再也不会来参加你组织的活动了。

⑧ 自我暴露

如果你想和一个人快速拉近关系，增加对方对你的信任感，可以给他透露一些你的秘密或者家庭故事，当你主动把自己的隐私告诉别人时，你是在用自我暴露的方式告诉对方：我信任你，因此才把我的秘密告诉你。

这时对方会对你产生信任，也会和你分享一些自己的秘密，秘密交换是社交场景中互相信赖的表现，这时你们之间的关系会被迅速拉近。

⑧ 赞赏原理

赞赏别人要比给别人建议更能达到预期效果，当你想要一个人做出改变的时候，给他出谋划策或者说教，并不能真正改变他的想法，甚至还会遭到厌烦。

这时你只需要对他赞赏，并且鼓励他如果怎样做能够做得更加出彩，这时受到赞赏的他正心情得意，利用赞美的方式提出要求，对方会更容易接受。

比如孩子玩电脑游戏时间太久，学习时间太少，你的批评可能会导致他更加厌学或者逆反，可以这样对他说："宝宝，老师最近夸你在课堂上表现进步了很多，以后依然要好好表现，今天把作业认真地完成了，妈妈奖励你多玩半小时电脑怎么样？"

这时被夸赞的孩子脸上洋溢着笑容，会欣然接受你的提议。

⑧ 出丑效应

平庸的人犯错误会更加不受人尊重，精明的人犯一点小错误，不仅是瑕不掩瑜，而且更能够拉近与周围人的距离，从而引起别人的好感，甚至成为加分点。

有的人习惯包装自己，在人群里总是显得高高在上，和大众距离感比较强，这种人看似优秀，却不会讨人喜欢。而真正精明的人往往都会自嘲，自己透露出自己的一些缺点和不足，这样会让人感觉到他的真实。

⑧ 白熊效应

　　给你说一个好玩的实验：看到这儿的时候，告诉自己："不要去想白熊。"

　　这时，"白熊"的外形有没有在你脑海中出现呢？

　　实验表明，无论是别人还是自己告诉你"不要去想白熊"，白熊就会在你脑海里出现。

　　你真正想要忘掉一个人，就不要去恨他，因为当你听到恨的时候，那个人就会浮现在你脑子里，这样你永远也不会忘记他。

　　越想忘掉一个人，可能记得就会越牢靠，不如让他顺其自然，成为匆匆过客。

⑧ 需求理论

　　心理学家马斯洛通过人类的动机角度提出了需求层次理论，将人类的需求共分为七级，从低到高依次为：生理需要、安全需要、归属和爱的需要、尊重需要、认识和理解需要、审美需要、自我实现的需要。其中前四个为缺失性需要，后三个为生长性需要。

　　一般而言，人的需要是从低级到高级逐步满足，向上发展，但它不是固定的，一个人会产生多种需要，同一时期总有一个需要占主导地位，高层次需要满足了，低层次需要依旧存在。

　　不论是高层次需要还是低层次需要，人都不会得到完全的满足。当一个人早年时期，对某种需要的过度缺失，会导致他在成

年后对该需要极力追求，比如，童年时期安全、归属需要没能得
到满足，成年后就会导致缺爱、缺乏安全感的人格特征，会在未
来多年里寻找那份缺失的依赖感。

Four

建立个人品牌，
成为不可或缺的人

1.

有效打造个人品牌

⑧ 口碑即是名片

美国管理学家彼得斯说过："21世纪的工作生存法则在于建立个人品牌。"

如果你经营一个产品，只想将受益最大化，不断降低成本抬高价格，看似能够获得更高的利润，实际上这种产品毫无竞争力，擅长经商之人懂得经营口碑，口碑好的产品能够吸引到更多客户，渐渐就形成了"品牌"，日常生活中，我们多数消费者不会深入了解每一件产品的制作与优劣，通常通过品牌这个标签来判断商品的价值，哪怕会有"品牌溢价"，人们也会选择这些大众认可的产品，毕竟相信品牌能够降低我们的时间成本，提高我们的选择效率。

我们用产品思维来打造个人的影响力，在这个信息繁杂生活节奏飞快的时代，人与人之间的交往也变得碎片化，深入了解一个人的成本过于高昂，因此人们习惯将人标签化，这种方式虽然带有强烈的刻板印象，但标签确实是能够影响给人带来第一印象，能够给别人带来一些讯息，让他判断是否有必要继续深入了解下去。

我曾听人说过一句话，令我印象深刻："你要努力让每一个遇见你的人，都成为你口碑的传播者。"

如何才能够实现这一点呢？我读了很多书，也见到过很多很有个人魅力的人，我发现书中那些精心打磨的话术，刻意为之的技巧都显得有些做作，它除了让生活变得很累外几乎毫无用处，而那些真正口碑与魅力俱佳的人与人交往时往往带着发自内心的真诚。

尽管我知道这种话看起来比较虚，但人是聪慧的动物，你的真诚不必宣扬，也深入人心，你的虚假即使掩饰，也会被人察觉。

有的人能说会道，但不一定实诚，有的人老实巴交，关键时刻可能能给你带来援助，伪装的话术在会识人的人面前看来就是花言巧语，一个人想要获得好的口碑首先需要良好的品质和修养。

自己夸自己，难以令人信服，人们往往相信背后说的话，如果背地里有人夸你，那才是口碑爆棚。当你口碑好的时候，意味着聚集了资源和信任，工作上不需要简历，相关的猎头就会找到你，不需要花费大量时间去找工作；相亲市场上媒人会将优秀的另一半介绍给你；在你犯错时，人们也会给予你更大的宽容度，可见好的口碑就是人们的专属名片，给人带来人生的惊喜。

生活中，人们经常听到一些接地气的形容词：老实、实在、实诚、善良、能干、懒惰、滑头、小气、大方、做作、虚荣……

如果让你给自己贴一些标签，你觉得哪些形容词比较贴合呢？那你又知道你在别人心目中的关键词吗？

⑧ 找到自己的优势定位

你了解自己的优点吗？我曾经做过这样一个实验，我让几个朋友自己在纸上写上自己的十个优点和十个缺点，并且尽量按照重要程度依次排列，然后再让他们互相写下对方的优缺点，结果发现他们自己对自己优缺点的评价往往用词比较笼统，而对别人的评价更加具体。

当自己看到别人写下自己的某些优缺点时，大家的心里会觉得不好意思，因为写得过于真实，这些直指内心的言语往往揭露了自己在日常生活中会回避的一面。

可以说，多数人很难真正了解自己，想要更好地认识自己就需要反思的能力，这需要在脑海中立起两面镜子，一面是将自己的行为作出复述，另一面则需要对复述出的行为进行自我批判和再思考。

学会反思是一种能力，并不是所有人都能拥有这项技能，只有人们不断反思自己的心灵深处时才能知道自己内心需要什么，渴望什么。每一个人都是独特的个体，有着与众不同的气质类型，这些共同组成了你在别人眼里的印象，当你开始对自己的动机和需要进行复盘，并且逐步了解别人眼中的自己时，才能给自己的"个人品牌"进行定位。

也许某人自我感觉良好，但他在别人眼中可能是一个能说会道但是偷奸耍滑的人，没有人会当面把他的负面消息告诉他，私底下和别人议论的内容也不会透露给他，所以想要了解自己在别人心中的样子并不容易，如果可以做一些互相给对方提出优缺点的游戏，用轻松愉悦的方式也许会更好。

认识自己的优势和不足，在此基础上做些调整，不要奢求能够成为自己羡慕的那种人，因为每个人的性格气质往往已经固定，你只需成为更好的自己即可。

人们能做的是将自己的长处扩大化，比如你是一个内向敏感的人，你不必难为自己变得活泼开朗，只需要发挥内向者的优势，精简好友，深入交流，待人以诚，从事一些人际关系相对单纯的工作，一样也可以生活得很富足。

⑧ 让别人知道并认可你的价值

具有坚定的立场和自信。尽管在社交生活中，我们想要获得他人的认可，但是最好不要将自我价值感建立在他人对自己的认可上，否则自己的生活将会由他人主宰，成为他人价值观下的附庸，这种做法本身是想要满足他人的期待，赢得他人的尊重，恰恰相反的是，越是想要满足别人，就越显得地位低下，从而会被人瞧不起。

一个拥有坚定立场和自信的人，会散发出坚韧的气质，他不会随波逐流，人云亦云，对事物的认知有着自己的逻辑，这种气质能够带给周围的人稳定感和安全感。

自信的一个表现就是，立场坚定，情绪稳定，自我价值感强。这种情绪会传染给周边的人，与之相处能够感觉在交谈中更加直接自在，在坚定的情绪中，让旁人感觉到你的价值和自信。

清晰的目标和自我价值实现。在社交媒体上，有很多类似的帖子：一个250斤的胖子通过运动健身成功逆袭，成了一个140斤的帅哥。这时你对这个人的印象一定是自律、坚定、值得信赖。

人最怕的是没有目标浑浑噩噩地生活，颓废会给你带来焦虑，在与人的交往中，你会把这份焦虑传播给其他人。

根据马斯洛需求理论，人的最高需求是自我价值的实现，其次是审美、尊重、爱、安全的需求，反过来讲，一个努力追求目标，实现自我价值的人更容易受到他人的尊重和爱戴，这是相互作用的。

我从来不会讲成功学，因为成功不是衡量人生的唯一标准。人们只有在一次次超越自我、击败颓废的过程中才能找到自我的价值感充实感，其次才是被别人认可你的价值。

我们之所以需要努力，首要目的是击败内心的焦虑，实现自己的价值，改善自己所爱之人的生活环境，顺带会被人另眼相待。

钻研一项个人技能。提到贝多芬，你第一个想到的是音乐，提到凡·高，你第一个想到的是绘画。如果提到你，第一个想到的会是什么呢？

人们不需要被标签绑架，但是人们需要标签，大脑就像一个思维导图构成的认知网络，而思维导图的核心是提取关键词，这种认知方式最为简单便捷，当你想到一个人时首先想到的是一个个关键词构成的标签，其次才是标签后面更加全面的信息。

　　世界上没有几个全才，找到你最喜欢最擅长的事，将它发挥到极致，那就是你个人最核心的价值体现。

　　比如你是一位资深的室内设计师，当你的亲朋好友买了新房子想要装修时，看到装修就想到了室内设计师，从而一定会想到你，这时可能会给你打个电话要请你为他的家进行设计，同样在他们的社交圈里，有人买了新房子你的朋友就会将你推荐给他们，这样你就可以通过人脉接到源源不断的订单。

　　这个前提是，将你的核心技能挖掘出来，并且钻研下去，成为一个行业的专家，让你和你的专长联系起来，给自己设计一个标签，标签简短利于传播，提到这个词首先想到的就是你，通过口口相传，你的价值也就能得到实现。

2.
有哪些行之有效的学习方法?

上中学时,我的学习效率很低,以至于没有考上一所优秀的大学,去上大学后我经常做梦感到懊悔,常常梦到又重新参加高考,如果再有一次机会,一定会通过高考改变命运。

然而人的一生会面临很多次抉择,不会因为一次错过而失去机会,大学时我开始发奋图强,因为我知道一所二流大学的毕业生很难获得一流的职业。

那时我每天去图书馆自习室学习12小时,观察身边的大牛们如何提高学习效率,分析他们保持自律的根源,通过一年努力我基本将本专业能考的证书全部考完,在学习的同时,我还坚持每天睡前阅读一小时,并且在互联网上更文,每天坚持写2000字。

自律者自由,长期自律生活后我发现,保持自律不会因为学习感到劳累,反而会开始享受高效学习带来的充实感,曾经无所事事的生活显得枯燥空虚。

保持自律贵在坚持,最好不要在中间停歇太久,一旦停止就给了惰性可乘之机。因为大学时的努力，毕业后我选择了前往北京，进入了行业内顶尖的公司工作，可见一个二流大学毕业的普通人也能改变自己的命运。

　　通过观察学霸们的作息规律和研究心理学知识，我总结出了一套行之有效的学习方法。现在，我依旧利用这些学习方法提升自己，在工作中，我将这套方法用于部门的新人培训，效果出乎意料地满意。

⑧ 整理学习动机

　　人之所以能够保持长时间学习，是因为具有强烈的学习动机，学习动机可以分为内部学习动机和外部学习动机。

　　内部学习动机，就是对学习的内容本身感兴趣，不需要逼迫自己也能享受其中，比如张三对网络小说十分痴迷，不仅喜欢看还喜欢写，对网络小说进行深入钻研，并可以保持日更6000字，成为一名知名网络写手。

　　内部学习动机具有强大驱动力，想要发挥它的力量你需要明白自己对什么感兴趣，内心热衷于什么，三百六十行总有一行是你喜欢的，将一项工作重复10000小时，你就是这一行的大牛专家。

　　好比日本的匠人精神，90岁的寿司之神小野二郎将一份小小寿司做到了极致，对食材、温度、配料以及每一寸力度都有严苛的讲究，为了让捏寿司的手保持细腻，他常年佩戴手套，那双握寿司70多年的手依旧温润细软。

同时，外部学习动机也同样重要，比如为了能够出人头地，让周围人投来羡慕的眼光；为了自己的父母或者孩子能过得更舒坦一些；为了提高自己的性吸引力，获得心仪的对象……

总之，学习之前，你得搞清楚自己学习为了什么？学了有什么用？如何去学？把这些写下来时刻提醒自己。

比如你学习室内设计，每天面对电脑画图建模的确非常枯燥，这时你需要的内部驱动力是，室内设计是一项有趣的工作，它能够带你领略艺术的美学，看着一套房子从毛坯到极具现代风格的精装房，是一件极为有成就感的事。而你的外部动机可能是，室内设计可以带来丰厚的收入，能够结识很多志同道合的艺术家，通过努力成为设计大师，赢得社会地位和财富。

⑧ 专注与时间管理

人的自制力是反人性的，懒惰才是人的本性，一旦你的学习过程充满了干扰项，专注力就会不集中，因此你需要提高自己的专注度，选一个好的环境极为重要，大学时我会去图书馆学习，放假时会到当地的共享自习室，工作后会在图书馆和安静的咖啡馆学习办公。总之，家里或者宿舍不是个学习的地方，没有学习氛围，还充满了诸多诱惑。

学习时应该收拾干净桌面，冲一个热水澡，给自己准备好水杯和小食，营造一种具有仪式感的环境，杂乱会带给人烦躁，内心不安时很难静下心学习。

仔细观察，学霸的作息是十分规律的，他们往往不是学习到了深夜，而是早起早睡，熬夜学习并不是科学的学习方法，而早睡可以使身体休养生息，保证了第二天的精力充沛。

如果每天坚持朝6晚10进行学习，你会不会觉得困难，也许让你坚持三天你可能会觉得度日如年，可一旦你能够坚持21天，就会觉得也不过如此。

行为心理学中，人们对一个新习惯的养成并得到巩固至少需要21天，被称作21天效应。21天后你会从一开始的刻意、不自然的状态变成不经意、自然的学习状态，不再需要意志力不断告诫自己。

给自己列出一份计划表，越详细越好，最好具体到每一个小时，我的建议是，大方向的计划表可以提前准备，精细的计划表不要预先准备，而是在这一小时开始时利用一分钟时间写下自己未来一小时需要完成什么，因为事先做的详细计划往往得不到实现。

一天如果学习8小时，就将它分成8份，写下8个完成目标，这样每一小时都不会被荒废。

⑧ 费曼学习法

费曼学习法的创造者是查理德·费曼，他被称为爱因斯坦之后最睿智的理论物理学家，诺贝尔奖的获得者，他本人是费曼学习法最大的受益者，这种学习方法一度风靡全球，成为史上最牛的学习法。

费曼学习法分为四个步骤：确定目标—回顾—提炼—传授。

　　确定目标：在一张白纸上，写下你想要学习的内容，这个过程中不要使用太过简练概括性的语句，太过复杂的概念其实是在糊弄自己的大脑，想象一下，你要将自己学习的内容告诉一个8岁的孩子，用简单的语言描绘自己需要学习的概念，简化学习内容内在的逻辑关系，可以清楚地告诉自己，我今天所学的就是这么简单的一回事。

　　回顾：当你大概完成了基础的学习内容，合上课本进行复述，用自己的话将所学内容流利地复述出来，当中间遇到卡壳时，不要急躁，这是很正常的，你已经在掌握知识的边缘了，这时你需要将卡壳的地方重新学习，反复回顾，直到能够流利地讲出来。

　　提炼：现在可以拿出你的笔记本，对你所学知识进行简化和条理化概括，不要使用原材料中晦涩的句子，你要用自己平时的语言写下你的理解，做到可以清晰地讲给一个从未学过该知识的人，使他也能够完全听得懂，这时你对这个知识才算完全掌握了。

　　传授：费曼学习法之所以能够行之有效，是因为它具有科学性，完全符合人类大脑的认知加工方式，在美国缅因州国家训练实验室研究成果表示，不同的学习方式对于记忆的效果有着巨大的差异，被动学习诸如听讲、阅读的学习方式学习内容的留存率只有5%～10%，而主动学习诸如讨论、实践的学习方式学习内容留存率可达50%～75%，而最高效的学习方式是：把学到的知识教授给他人，学习内容留存率高达90%。

　　费曼学习法的最后一步，就是将之前所提炼好的内容传授给他人（当然如果没有人愿意听，可以讲给你的宠物），当你给别人讲解时遇到了卡顿、结巴等现象时，恭喜你，那就是你的薄弱点了，再去巩固一遍，直到它刻在脑海。

⑧ 艾宾浩斯记忆法

德国著名心理学家艾宾浩斯描绘了人类大脑对新事物的遗忘规律，该曲线对人类记忆认知研究产生了重大影响，我们通过大脑对事物遗忘的规律，可以加以利用，从而提升自己的记忆力。

艾宾浩斯研究发现，遗忘是从学习后立刻开始的，遗忘进程并不均匀，遗忘规律是先快后慢：

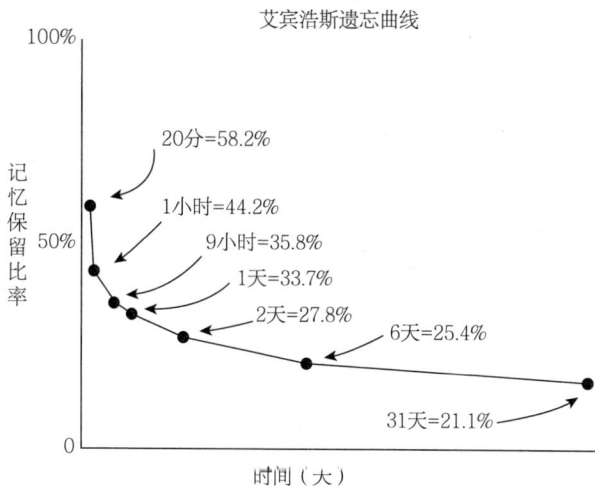

艾宾浩斯遗忘曲线

记忆保留比率

- 20分=58.2%
- 1小时=44.2%
- 9小时=35.8%
- 1天=33.7%
- 2天=27.8%
- 6天=25.4%
- 31天=21.1%

时间（天）

根据遗忘曲线，我们可以看出，新学的知识点在一小时后就忘记55.8%，一天后就只能记住33.7%，在这种高速遗忘下，学习效率会变得很低，遗忘是必然趋势，但在遗忘的临界点，只要复习，就可以保持记忆，所以我们需要在大量遗忘前阻止它，学习后5分钟就需要复述，尽量在一小时内进行复习巩固，做练习题，每天进行复盘，每周进行总结回顾……

　　尽可能在一小时内多去巩固，就是我们常说的趁热打铁，并且长期保持复习，这样效率远远比你将一本书从头到尾学一遍，然后再回过头复习高效得多。

⑧ 思维导图法

　　思维导图法的精髓在于提炼关键词和搭建逻辑框架。文字的描述非常繁长不容易理解，思维导图能够用可视化的方式对知识点之间的逻辑关系进行联系，直观并且简化地表述了学习内容，利用形象记忆在脑海中搭建出知识体系。

　　诺贝尔生理学或医学奖获得者斯佩里博士通过著名的割裂脑实验，证实了左右脑的不同分工理论，左脑从事逻辑记忆，右脑从事形象记忆，右脑的储存量是左脑的100万倍，而思维导图就是将逻辑思维转换为形象思维，对知识进行双重编码，达到事半功倍的效果。

　　思维导图法可以分为四步：**提炼关键词—搭建知识网—记忆导图—代入内容**

　　精准概括地将书中内容简化成一个词或者一句短语，对知识进行压缩整理，找寻这些词语之间的内在关系，利用相关思维导图APP或者笔记本搭建知识体系，利用不同形状、颜色、大小的图像表示关键词，用来刺激你的右脑。

　　然后将思维导图印入脑海，达到会默写的程度，在搞清楚知识的关系的情况下，再去代入详细内容，看着思维导图，复述词语背后的知识点。

⑧ 加工记忆法

你最喜欢用到的记忆方法是什么？我想大多数人在没了解过高效学习法前，都会用机械记忆法进行学习，不断重复书本上的原文，直到将原文背会，这种记忆方法不仅缓慢，而且记得不牢固。

《普通心理学》一书中讲道：精细进行复述是储存信息最有效的方法，它是指把要记住的内容和已有的知识经验联系起来。

简单来说，就是在记忆大量陌生的知识时，将知识点进行加工，用自己熟悉的知识经验和自己的语言对知识点改良加工，加工得越详细，记忆效果就越好。

我们来看一个例子，将美学的概念进行加工：

原文：美学是研究人与世界审美关系的一门学科，即美学研究的对象是审美活动。审美活动是人的一种以意象世界为对象的人生体验活动，是人类的一种精神文化活动。

加工：所谓美学就是研究人的审美活动，什么叫审美活动？审美活动就是人对世界的一种生活体验、对美的认识，这不是物质活动，而是精神活动，表达了人的精神世界。

当然，这只是我对这段话的加工，每个人的版本都不一样，可以根据自己的理解和原有经验来复述自己的理解，当然你也可以举一些自己身边的例子加深印象，比如自己对服装、建筑、雕塑、绘画的美感认知。

加工过后，合上书本，试着用你自己的话将这一概念复述出来，不要担心表达得不够准确，按照自己的理解来即可。

这种方法的工作原理是，将陌生、复杂的概念转化成自己熟悉的语言系统，大脑会对自己的理解印象更加深刻，相对于传统机械式复述学习，加工学习法所用时间更短，记忆时效更长。

⑧ 番茄工作法

番茄工作法由番茄时间管理工作法演化而来，是1992年由弗朗西斯科·西里洛创立的。

人的专注时长具有不稳定性，注意力保持高度集中在25分钟内效果最佳。番茄学习法利用这一点进行合理的时间规划。

我们将一个番茄时间设定为30分钟，包括了注意力集中25分钟，加上休息5分钟，如此循环，在完成四个番茄时间（120分钟）时可以休息30分钟。

在休息时间，不要思考上一个番茄或者下一个番茄的学习内容，放空你的大脑，充分利用好5分钟消除疲劳，我的建议是可以采取冥想的方式实现精神放松，准备好5分钟的白噪声音乐，如海浪、下雨、鸟鸣等音乐，帮助自己进入冥想状态。

当完成四个番茄时，可以做出规划总结，回顾复习。当你坚持一周时，可以总结一下番茄学习法的时间管理对你是否起到帮助，也可以根据自己的需求找到适合自己的时间表，比如有的人可以一次专注40分钟，那么就可以将一个番茄定为50分钟，注意力集中40分钟，休息10分钟。但不要频繁更改这个长度，至少使用一周时间，你才能体会出到底什么样的时间段适合你。

　　卡尔维诺说：**"我对任何唾手可得、快速、出自本能、即兴、含混的事物没有信心。我相信缓慢、平和、细水长流的力量，踏实、冷静。我不相信缺乏自律精神，不自我建设，不努力，可以得到个人或集体的解放。"**

　　自律带给人们坚定平和的力量，坚持后的欣喜可以摆脱焦虑的内心，当下的忍耐是一种延迟满足，为了准备迎接令人向往的未来，只有耐得住寂寞，才能在拨云见日时，守得住繁华。

3.
提升认知结构，
搭建知识体系

　　小到一个图书馆，你想找某一本书，可以通过编码快速找到；大到整个宇宙，卫星、行星、恒星、银河系……周而复始，均成体系。

　　如果把一个人的大脑比作图书馆，里面所有的书就是对世界的认知，知识体系就是对这些碎片化的"书"进行整合、分类、编码，方便提取运用，在一个体系化的知识结构中，知识之间不再是孤立存在，而是相互联系和影响的，从而让一个人变得博学多识，这时人的思想会得到提升，将知识形成智慧。

　　快节奏的生活中，充斥着各种简短的信息碎片，比如各种公众号的文章、抖音里的科普视频、越来越"鸡汤"化的畅销书籍……不可否认，里面也有一些值得学习的知识，但是这些知识大多简短，我们对知识的学习也慢慢变得浅尝辄止，还没有深入，就被下一个把眼球吸引跑了。

　　你会发现，你收藏了那么多觉得有用的资料，却没有再去翻过，它一直在收藏夹里"落灰"，丝毫没有对你起到作用。

知识不去复盘总结，搭建体系，它就会在脑子里等着被渐渐遗忘，而你花费大量时间依旧没能突破思维的墙，变得渊博睿智。

⑧ 知识的获取

广博

知识的涉猎应该广泛，地理、历史、政治、科技、文学、哲学……博览群书，方能汇聚智慧，在网络时代，知识被二次加工，变得大众化，大量的信息会涌入脑海，这时我们涉猎的知识是非常广博的，很多知识达到略懂一二即可。

但是你要做的，是建立知识库，比如你看书看到好的观点、刷视频刷到好的段子，将其收集起来，可以借助网络工具，也可以做手写笔记，将它们作为自己的知识库，定期进行复盘，在这里面你能汲取大量知识。

想要做到广博，就得经过常年积累，很多朋友说我为什么什么知识都懂一点，是因为我一直保持了一个习惯，从2007年我拥有第一台电脑开始，只要是生活中遇到什么不知道的问题，想要了解的东西，都会去百度上查查，有时候一查就是一下午。

现在的手机让查询变得更加便利，和朋友一起聊天时，遇到不清楚的事情，都会拿出来用手机查，现在不仅限于百度，还用知乎、Quora（是一个问答SNS网站，被称为美版知乎）、B站等工具进行查询，长年累月的积累，让我在和别人聊天时，聊到什么都可以探讨一二，虽然不精通，但是作为日常交流也已足够。

专精

在这个合作为王的社会环境下，一个人的力量毕竟微乎其微，对任何一个在社会上摸爬滚打的人来说，掌握一门别人难以替代的技术都是至关重要的，想要具备不可替代性，就得做到专精。

任何一个行业，做到行业内前20%，都能有一个不错的待遇，所以在知识构建中，选择一门知识钻研到极致，你就是行业里的佼佼者。

假如你是一名设计师，你需要掌握设计学的一系列知识，通过阅读、看展、旅行来提高自己的审美能力，并且将学到的美学知识运用到设计中去，把这个行业给吃透了，你就会发现自己变成了设计大神。

就像那些具有工匠精神的匠人，几十年如一日地打磨工艺，达到了艺术的高峰，将一个行当研究10000小时，就可以在这个行业里如鱼得水、游刃有余了。

⑧ 建立网状知识架构

建立网状知识架构，要思考一个知识点的前因后果，以及知识点之间的逻辑联系。

我十分推荐利用思维导图的方式搭建知识架构，将一个知识点进行分支，并且找寻与它相关的知识联系，建立直观的导图。

以我自己为例，我将自己的个人认知体系做出了分类：

通识：哲学、地理、文学、艺术、经济、历史。

自我认知：请教他人、自我总结、自问自答、反思。

职业：写作、出版、编剧、心理学。

生活：健身、穿搭、护肤、作息、健康管理、营养学。

爱好：绘画、阅读、摄影、露营、骑行。

我以"我"为中心，对自己的知识构架做出了系统的分析，做成思维导图，在此基础上不断细化，先列出大的关系图，再去做小的关系图，比如在我的职业中有心理学的学习，那么我会再做一个细分，将心理学分为：普通心理学、社会心理学、发展心理学、变态心理学……

再拿出社会心理学进行细分：起源—定义—研究范围，理论流派，研究方法，等等。以此类推，形成完备的知识网，这个网络中只提取关键词，方便一目了然，将这个知识网记在脑子里，提取时就可以清晰明了地找到它的位置，并且可以看出它的从属关系，和其他哪些知识具有联系，这时你看待问题会变得透彻全面。

将知识为我所用，是学习的最高水准。

⑧ 认知结构升级

形成一个完整的认知结构后，需要对认知进行更新升级，当你遇到一些颠覆三观的事情时，不必慌张，这是在刷新你的认知体系，当你有一天变得对于任何事都不会大惊小怪时，你的三观才真正趋于稳定。

认知结构的升级需要三个必要条件：知识储备的增加、阅历眼界的拓展、自我总结反思。

知识储备需要通过读书获取，我个人在增加知识储备时所采取的方法是，以读书为主，以一些视频课程、纪录片为辅，现在一些专业的知识型博主在网络上科普知识，十分生动有趣，看起来也很有乐趣，还有一些诸如戴建业、蒋勋、易中天的讲座，也是我不容错过的视频，除此之外，一些优秀的纪录片也让我打开眼界，比如《蓝色星球》《人类星球》《文明》《河西走廊》《苏东坡》等人文自然历史纪录片。

关于阅历，我认为需要长期总结生活经验，尽管现在宅男宅女们足不出户就能看到整个世界，但我还是建议多出去走走，看看真实的大千世界，和不同类型的人进行交流，这些带给人思想的转变远远大于虚拟的网络。

最后是自我反思，罗素说："有很多人，宁愿死也不愿思考。"思考是一种能力，不是人人都能具备，而反思是一种高级能力，它需要对自己的思考进行考问和批判，有的人宁愿浑浑噩噩，也不愿意思考深层次的人生哲理，找寻自己生活的意义，在我看来，反思极为重要，在无人之地独处，思考自己的未来、人生的规划，以及自己的价值，这个探寻的过程给了生命以意义。

掌握知识是为了应用，只有将学进去的东西实践出来，才能加深印象，成为自己信手拈来的知识网络，我自己会通过写作、表达、工作中的操作来使用所学知识，我想你也要找到自己擅长的事，并且用自己所学将它做好。

拥有了知识体系后，要记得时常打破它，更新重组是它富有生命力的一面，人不能墨守成规，不能保守守旧，长期在固定的思维模式下，人会变得狭隘，不断更新知识体系，与时俱进，才能跟进时代的洪流，在不断接受新的事物中，成为更优秀的自己。

4.

如何取得他人的信任?

美国黑人弗洛伊德之死揭露出美国社会出现的种族歧视和信任危机,据CNN报道,一项民调显示:美国仅有36%的黑人表示警察值得信赖,这个数字在白人中则为77%。

一个种族对另一个种族的不信任对人类而言是一场灾难,在信任危机的背后,其本质是具体行为导致的刻板印象,比如黑人在美国的犯罪率远高于白人,大多数警察对待白人比对待黑人更友好。

人类文明的建立和人际关系的形成都基于彼此之间的信任,社会交往中,一旦一个人丧失了别人的信任就很难立足于世。现代社会,人与人之间的信任感越来越低,接触的人不断增多,但心理距离在逐步拉大,人与人之间的疏离感让我们变得孤独。

信任于你我而言是立身之本,心理学家埃里克森提出的人格发展阶段里,第一阶段就是"基本的信任对不信任",婴儿在一岁左右时就开始与身边最亲密的人建立信任关系,一开始是自己的母亲，对母亲的信任和依恋将会影响人的一生。

在童年时期开始信任伙伴，在青春期信任情侣，成年后我们越来越发现信任的重要，别人对我们的态度都来源于我们自身，取得信任是当代社会的通行证，因此我经常强调，如果把一个人看作一个品牌，你要努力让每一个遇见你的人，都成为你口碑的传播者。

美国心理学家安德森做过这样一个实验，他把550个人物品质的形容词列成表格，拿给大学生选出最喜欢的和最讨厌的品质。

结果表明，最受欢迎的人格品质依次排序为：**诚恳、诚实、理解、忠诚、可信、可依赖、聪明、关怀细心、体谅、热心**。

最不受人欢迎的人格品质依次排列为：**欺诈、精灵古怪、恶意、残忍、不诚实、不真实、做作、不可信赖、冷漠、贪婪**。

由此可见，诚恳的人走到哪里都会受到欢迎，关于如何取得别人的信任，获得真挚的友谊，我谈谈我的看法。

⑧ 大道至简：少说漂亮话，多干实诚事

很多人谈起人际交往，就会想起那些能说会道，精明细致的人，他们似乎在各种场合都显得游刃有余，特别是在一些应酬或者娱乐活动中，一般不怎么善于言谈的人往往羡慕这类人"会来事"，但是如果身边有一些经验老到的人就能看出，会说话和办实事是两码事，越是聪明的人越不会被漂亮话忽悠住。

那种只会说话做表面功夫的人，适合做一竿子买卖，拉不来回头客，多接触几回，大家也就看透了，很难取得信任。这些年

来，我越来越体会到大道至简的道理，与人交往的时候不必搞那些花里胡哨的表面功夫，重要的是待人以诚，简单待人。

我身边有很多朋友，他们不善言谈，甚至嘴很笨，却是实实在在的实诚人，身边交往的也都是值得信赖的朋友，长期交往看的是为人，不狡猾，不功利，与人无害，大家才能对你放松警惕。

大智若愚，大巧若拙。那些自以为精明的人觉得自己很会为人处事，但别人也都不傻，有时候看破不说破而已，市面上教人处事的攻略数不胜数，而在我看来还是真诚最得人心，真诚，是最高级别的情商。

社会上真正优秀的精英，他们做事往往磊落果断，与人合作时不兜圈子，提出自己的需要，问清对方的需求，站在对方的角度考虑问题，少说漂亮话，多干实诚事。

也许在你看来他们不够老练圆滑，甚至会吃亏，但是从长远角度来看，种下的因必将收获成熟的果，这种人才真正值得信任，才能获得长线的回报。

⑧ 树立口碑：降低交往中的风险

当你信任别人时，本身就带有风险。

每个人的内心都有一套风险评估机制，假如一个朋友找你借1000元钱，这时你内心肯定需要评估一下你们之间的关系，对方的人品和经济实力，假如借了你的钱没有如约还，你对他的风险评估一定是大大提升的，如果他最终都没有把钱还给你，你会发誓再也不会借给他一分钱。

我们想要在与人交往中树立口碑，就得降低别人信任自己时带来的风险，我们先来看看一些常见的引起信任危机的风险：

（1）借钱不还

不到万不得已，不要向别人借钱，也不要轻易借给别人钱。

借钱是一项非常损耗关系的行为，如果借钱就得约定好归还的时间，如果金额比较大，就主动要求对方写欠条，请对方按时归还。

（2）在背后说别人坏话

不要在背后说别人的坏话，世界上没有不透风的墙，那些坏话难保不会传到他的耳朵里。你在向某人说别人坏话的时候，某人也会对你心存提防，因为他觉得你也有可能在背后这么议论他，所以要管住自己的嘴，才能受人尊重。

（3）朋友需要帮助时未能援助

当别人愈需要你，愈艰苦的时候，你伸出援助之手雪中送炭，这时信任就愈强烈。反之，朋友最需要你时，你却选择了逃避，这时他对你的印象会差到极点。

（4）出尔反尔，言行不一

一直坚定不移坚信着某事物会按照一定轨道运转，如果有天它偏离了，即使重新回到原来的轨道，但从此大家就变得没那么坚信不疑了。"人无信不立"，一次小的失信要花大量精力去弥补，切勿觉得无所谓。

（5）斤斤计较，占小便宜

自作聪明的人往往心思缜密，计较的事情非常多，占了便宜就觉得自己聪明，吃了亏就恼怒，这种人看似聪明，其实吃了大亏，他因为占了小便宜而失去别人的信赖。

（6）能力有限，无法胜任

社会有功利的一面，在与他人合作或者帮忙时，能力强的人在别人眼中是可靠的，值得信赖的，想要获取信任需要展示出自己的能力和价值，只有不断提升自身实力，才能收获信任和支持。

（7）别人的恶劣评价

我们获取的信息有很大一部分来自别人的评价，如果一个人的口碑好，身边的人都夸奖他，那他一定有过人之处，如果身边的人都贬低他，那他存在问题的可能性就非常大，所以别人的评判是有一定价值的，我们需要在别人的看法中找出自己的缺点。

我们对人的评价是在一朝一夕间形成的，你在一次重大的事情上出现了失误，也许并不会引起别人的不信任，真正改变他人态度的是一点一滴的细节，我们可以在一个人的一举一动中看出他的品质，所以不要以为不在大事上出错就能够万无一失了。

信任的建立，是诚恳+细节+时间，就如《小王子》中的一段对话：

"只有被驯服了的事物，才会被了解。"狐狸说。

"那么应该需要做些什么呢？"小王子说。

"应当非常耐心。"狐狸回答道，"开始你就这样坐在草丛中，坐得离我远些。我用眼角瞅着你，你什么也不要说，话语是误会的根源。但是，每天，你坐得靠我更近些。"

⑧ 自我告白：吐露内心里的事

如果你想加快和对方建立亲密关系，取得对方的信任，可以试着主动谈起自己的秘密，当你谈起自己的秘密时，说明你没有把对方当外人，这样会迅速拉近彼此之间的心理距离，这种现象我们称之为"自我告白"。

当你率先讲出自己的秘密时，其实表现出来的是对对方的信任，而对方往往也会因为你的信任而向你谈起自己的秘密。

信任能够让人更真实地袒露自己，经常和身边的朋友谈谈心里话，表达自己真实的想法，共同吐槽同一件事，也可以宣泄情绪或者吐露困境，这种看似自我暴露的行为其实能够让人与人之间的关系更近一步，因为我们需要彼此了解，需要看到你最坚强和最软弱的一面。

而那些喜欢掩饰自我、不向任何人吐露心声的人，人们永远不会走进他的心里，更谈不上信任他，这样一来，他会更加压抑自己。你要知道，别人信任的是那个真实的你，当你不断地表达自我，得到了对方善意的反馈后，你会变得更加自信，更加乐于做真正的自己。

⑧ 适度麻烦：麻烦出来的好关系

如果想让一个人喜欢你，你就让他帮你一个忙。

富兰克林说过，相比那些被你帮助过的人，那些曾经帮助你的人更愿意再帮你一次。

那些曾对你付出过的人，会更加珍惜他的付出，就像是你对一个人越好，你就越离不开他，你舍不得的可能不是他本身，而是舍不得自己付出的精力。

当你想要和一个人建立关系时，试着麻烦他一下，在他帮助你的同时，自己也会感到被人需要的自豪感，如果你总是怕麻烦别人，很难结交到新的朋友，好的人脉是互相麻烦出来的。

就像男生追女生时总是喜欢给她制造一些小麻烦，从而引起她的注意，比如请求女生教自己一些题目，问路顺便闲聊一会儿，一来二去中两个人才能相识，并且建立互相信任的关系，如果什么都不去做，双方很难有机会了解彼此。

列夫·托尔斯泰在《战争与和平》里写道："我们并不因为别人对我们的好而爱他们，而是因为自己对他们的好而爱他们。"

人性就是如此，一味地付出很难得到应有的回报，反而因为付出会更加喜欢对方。

因此适度地麻烦别人，让我们有了联系的借口，也巩固了双方的关系，在彼此帮助中取得信任。

⑧ 人际选择：过滤信任对象

我们之所以会信任一个人，很大原因就在于三观相似，如果对方和我们有共同语言，并且在性格行为上也有着相似性，那双方就更容易建立信任关系，这也就是我们常说的：物以类聚，人以群分。

作家加缪说过："我们很少信任比我们好的人，宁肯避免与他们来往。相反，我们常对与我们相似，和我们有着共同弱点的人吐露心迹。"

我认为在与他人建立信任关系时是有选择的，有人对你的不信任无法改变，不需要委屈自己的本心去迎合他人，用虚假的伪装换来的也只能是虚伪的信任。

我们不能无条件地去信任所有人，如果选取的信任对象合理，当你面对困境时就有人陪你应对，如果信任了人品糟糕的人，你的秘密可能在第二天就传遍了朋友圈。

总之，人生遇到可信之人十分可贵，信任让我们在痛苦和孤独的时刻有所慰藉，我们始终要成为一个可信之人。

因为信任，你我不孤单。

5.
成为一名优秀的普通人

01.

　　英国BBC耗时55年完成了一部令人震撼的巨作《人生七年》，这是一部系列纪录片，从1964年开始拍摄，记录了英国不同阶层的14个7岁小孩的人生，每过7年拍摄者都会重新访谈拍摄这些孩子，跟踪他们从少年到壮年再到老年，直至2019年，历经55年最后一次拍摄，这群孩子已经是62岁的花甲之年。

　　纪录片在拍摄之初，拍摄者是打算做一次科学实验，他提出假设：社会阶级固化使得每个孩子的社会阶级预先决定了他们的未来，富人的孩子依旧是富人，穷人的孩子依旧是穷人。

　　一路跟拍下来也确实如此，富人的孩子从小就受到良好的教育，有开阔的眼界，他们甚至7岁就开始看《泰晤士报》和《观察家报》了，考取了剑桥、牛津这类名牌大学后成为社会精英。

　　而底层的孩子多数按部就班地生活着，经历辍学、早婚、多子、失业这些可以预见的命运，除了一名叫尼克的孩子。他虽出身贫困但刻苦学习，在牛津大学毕业之后，成为美国威斯康星大学的教授。这让我想起国内郑琼导演的纪录片《出路》，讲述了三个出身不同的少年，从学校步入社会的过程，分别是甘肃大山里的女孩马百娟、湖北小镇青年徐佳、北京土著女孩袁晗寒。

马百娟家境贫寒，哥哥14岁就辍学外出打工，自己每天放学回来还得做饭、喂猪、干农活。在这种环境长大的她心中只有一个愿望——考上北京的大学，将来能够每月挣1000元钱。

她想通过读书来改变命运，正如每一个农村孩子都在心中默念过的知识改变命运。然而，她的父亲却认为女孩子最终是别人家的人，没有必要花费时间去读书。没过多久她就不再读书了，16岁那年被家里人安排嫁了人，完成了父母的心愿，在自己还没活明白的时候就得养育下一代了。

小镇青年徐佳父母都是农民工，他们深知没有文化将来会有多么吃亏，于是费尽心思想让孩子出人头地，通过考大学来改变家庭的命运。顶着巨大的家庭压力，在经历三次高考后的徐佳终于考上了一所普通的本科，虽然不是名校，但是对于一名小镇青年来说已经是不容易了，他成了全家人的骄傲。

大学毕业后，徐佳留在了省会城市找工作，经历十年努力终于在这个二线城市买了房子，成为新晋的中产阶层，尽管他努力的终点还远远不及袁晗寒的起点，但他已经心满意足了。

北京女孩袁晗寒，因为成绩不好中学时从美院附中辍学，辍学后百无聊赖的她决定做些自己喜欢的事，于是跟家里要钱在南锣鼓巷开了一家咖啡馆，在她看来，只要饿不死就行了，没过多久，她的小店就关门了。因为对未来感到迷茫，她去周游了整个欧洲，并且在家人的支持下考上德国杜塞尔多夫艺术学院，回国后开了一家自己的公司。

这两部纪录片残酷又真实地记录了这些阶层不同的人最终走向的人生道路，但是他们都没有给出结论。

人生还是得掌握在自己手中，我们身边最多的就是像徐佳一样的小镇青年，通过自己的努力考上本科，毕业后陷入无尽的迷茫之中，家乡安置不了灵魂，异乡存放不了肉身。由于出身不好，凭借一己之力难以在都市安家落户，回到家乡又找不到对口的工作，于是流离于都市中。你又是从什么时候开始意识到自己是个普通人的呢？

据说人会长大三次，第一次是在发现自己不是世界中心的时候；第二次是在发现即使再怎么努力，有些事依旧是无能为力的时候；第三次是在明明知道那些事无能为力，但还是尽力争取的时候。

我们都曾自命不凡过，但不管你喝过多少毒"鸡汤"，也不得不面对这样的现实，我们只是一个普通人。

没有优越的家境，没有过人的天赋，我们有大到超乎想象的概率会平凡一生，看着电影和小说中别人的英雄故事，度过自己的普通生活。但命运的指缝里总会有漏网之鱼，就像尼克通过努力成为大学教授，徐佳经历了三次高考后成为全村的骄傲，成了新晋中产，所以，即使感到无能为力依旧尽力争取的时候，至少比现状会好。

或许当有一天，你发现了自己的平凡之处，不得不承认自己只是一个普通人的时候，不需要过于焦虑，因为这个世界上绝大多数人都会经历这个心理落差，承认自己的普通并不懦弱，重要的在于在平淡中寻找自我，在平凡中不陷入平庸，争取成为一名优秀的普通人，千千万万的普通人同样可以品尝生活的千百种滋味。

02.

陶杰在《杀鹌鹑的少女》中的一段话令我印象深刻：当你老了，回顾一生，就会发觉，什么时候出国读书，什么时候决定做第一份职业，什么时候选定了对象而恋爱，什么时候结婚，其实都是命运的巨变。只是当时站在三岔路口，眼见风云千樯，你做出选择的那一日，在日记上，相当沉闷和平凡，当时还以为是生命中普通的一天。

面临选择时刻的迷茫，是当下年轻人最大的焦虑。

不论是大学选择专业和就业方向，还是毕业后选择城市和职业。我们拍拍脑袋就决定的事情，其实构成了自己的人生和命运。

选择之所以难做，是因为我们渐渐会发现它没有那么简单，如果从一个好的和一个坏的里选，我们都知道选择好的，可生活却常常给你两个都是坏的，每一步做出的抉择都像是忍痛割肉，得到一些就会失去更多。

选择不同，命运也就千差万别。曾经有两个高才生，他们从同一所大学里毕业，实力相当都很优秀，一个去了腾讯工作，一个选择了一家当时非常著名的杂志社。

几年过去后，结果就显而易见，腾讯作为互联网的巨头企业，伴随着互联网经济的发展如日中天，选择去腾讯工作的那位经过努力已经年入百万。而去杂志社的那位随着杂志行业的衰退，不仅收入平平，未来也难以有可观的发展，只能另谋出路。

就像是前几年房地产行业火热，也带动了土木工程、建筑设计、景观设计的发展，成为最热门的高薪职业。站在风口上，猪都能飞起来。

你不得不承认，只会埋头苦干，不懂审时度势的人很难走远。世界上最悲催的事就是你在做一个十足勤奋的人，但你依附的行业却在经历滑坡。你以为自己足够认真，但个人的力量难敌整个世界的发展趋势和变革，努力可以提高下限，而选择却能够提高上限。

如果一个人放弃了努力，他可能连选择的机会都没有，越努力，选择就越多。高中时候努力学习，高考后才能有名校供你挑选；大学时多参加实践，毕业的时候才能拿到更多的offer；工作时认真仔细，才能获得更多的升职机会，努力是这一切的基础。但对现在的你来说，选择有时候比努力更重要。

同样上一所大学，有的人能够选择有前景的专业，有的人选择了夕阳产业，有的人选择了去"北上广"打拼，有的人选择了回到家乡，也就开启了不同的命运。

选择能够决定你走多远。人生漫长，我们不指望每一步都选对，但求自己问心无愧。

我们想要的东西有很多，一旦做出选择，也就意味着放弃了其他的可能，我们的成长就是一个不断选择和不断失去的过程，但愿你的每一个选择都是经过深思熟虑，也希望一旦选择就不要再去怀念我们失去的。

03.

一个老生常谈的问题，成熟是什么？有人觉得成熟是世故圆滑和能说会道；有人觉得成熟是一种冷漠，是看懂世界之后无所求的冷眼旁观；有的人觉得成熟是一种包容，能够对全世界都温柔以待……

在我看来，成熟是一种能力，是一种高情商，它不是与生俱来，而是需要后天在经历中顿悟。成熟没有年龄的限制，它可以使人一夜长大，在成为一名优秀的普通人的道路上，走向成熟是不得不经历的一环，我认为成熟的人应该具备这些能力：

第一，自我情绪管理的能力。

一个人的成熟是从控制自己的情绪开始的，小孩很难控制自己的情绪，愤怒的时候大声吼叫，伤心的时候大哭，跟人有了矛盾恨不得打个头破血流。

一个成熟的成年人会懂得不让自己的情绪表现得太过明显，生气的时候不会满怀恶意地去说令身边人伤心的话，懂得给自己疗伤，安抚自己。合理控制情绪不仅仅是说不轻易愤怒，而是合理愤怒。

一个不懂生气的老好人往往得不到尊重，所以能把握情绪收放自如的人懂得什么时候生气来震慑对方，而又能不较真，不伤害双方的关系，还能不伤身体。情绪有时候表明的是一种态度，要学会运用情绪让社交变得游刃有余。

第二，自我剖析和反思的能力。

反思是一种高级的能力，人的大脑想要看到自己需要一面镜子，而对看到的自己加以剖析又需要一面镜子，所以人的反思是很复杂的。很多人只能用眼睛看到所见之事，其中包括一些高智商的人，他们思维敏锐，语速很快，但不具备反思的能力。

反思是对自己内心的解剖，敢于否定自我，在不断问自己为什么这么做、这么想的时候，产生新的思考，懂得反思的人绝不是自恋者，他们时刻都在否定自己中获得成长，他们对自己有新的认识，所以也就更加谦逊。

第三，理解他人和换位思考的能力。

所谓情商高，就是能够读懂别人并学会换位思考，迟钝的人看不出别人在想什么，读不懂别人想要表达的意思，而一个成熟的人是需要一定情商的。

一个人懂得自己被别人用狠毒的话攻击就像刀子一样捅在心窝有多痛，自然不会对别人恶语相向。但不是每个人都有这种共情能力，有的人之所以说话难听，不体谅别人，就是无法换位思考。成熟的人做事时，不会莽撞到没轻没重，他会权衡对方，照顾到每一个人的感受，既不委屈自己，又不冷落别人。

第四，主动承担责任的能力。

每个成年人都有权利选择自己喜欢的生活方式，面对抉择也可以选择自己想要的人生，但是也应该明白要对自己的选择负责。人生的抉择需要自己承担责任，所以不要轻易地做出决定，懂得评估风险是成熟者必备的一项能力。

选择什么专业，上哪一所大学，从事什么行业，和谁共度余生，在哪座城市发展，要不要孩子，这些都是人生的重大决策，别人的意见只是参考，自己最终需要找到适合自己的道路，这并不容易，因为很多选择都会在未来几年内后悔，花费大量时间去思考和评估尤为重要。

在这方面成熟的人会深入钻研，遇到问题及时止损，每个人都是第一次活，都没有办法用自己的经验诠释所有人的人生，每个人只能慢慢探索属于自己的道路。这些都需要独自去承担，一个人有了担当，是走向成熟的开始。

当我们具备上面说的这些条件，我们就有了大局意识。做事思考全面，不会意气用事，这些不是对一个人的过高要求，而是一个优秀普通人的基本品质。

04.

读过那么多"鸡汤"，依旧没能成功；懂得那么多道理，却依旧过不好一生。我不会给你熬一锅心灵鸡汤，告诉你马云、雷军、俞敏洪是怎么努力奋斗取得成功的。他们的成功独一无二，在互联网时代格外耀眼。很多成功的人在演讲时告诉你要努力走向成功，殊不知千千万万比他们更努力的人因为没有获得成功，所以无法出现在大众的视野。

绝大多数的人是平凡的，人与人从出生就有着巨大的差距，我们面对的一个现实是有的人哪怕拼尽全力也只能让自己成为一个普通人的情况。

你的阅历、你的惊叹、你悟出来的一些道理，可能在别人眼里只是常识；你尽全力考上大学，走出家乡来到大城市，已经觉得问心无愧了，而有些人一出生就在都市，衣食无忧。所以我才会说，努力做一个优秀的普通人，不奢求大富大贵，但要有稳定的工资，不断向上发展的事业，懂得在苦难的人生中找寻"小确幸"。

富贵险中求，富人敢于冒险，穷人安分守己，这里面是非常复杂的。穷人之所以求稳是因为输不起，爱冒险的富人也有倾家荡产的但是没有人关注他们，这是一个概率问题。一个人的成功，好事之人喜欢加以分析，因为他敢于拼搏、积极向上、思维敏锐，其实仅仅可能是因为命好。

也许我们注定是平凡的，接受自己的平凡没有什么不好，至少我们可以在平凡人中更优秀。苦心人，天不负，只要人肯吃苦，是一定能过得比现在更好，至于能好到哪种程度，就只能尽人事，听天命了。

每个人都有资格过好这一生，即使是有钱人也自有其烦恼之处，生活的苦难告诉我们一个道理：无论身处何种境地，都要有向上进取的动力，唯有用积极之阳光才能驱逐人间的阴霾。比如经营好自己的事业，哪怕赚得不多，但也得持续努力；一家人攒钱买一套房子，可以不大，但装饰得要温馨；培养几个小爱好；闲暇之际，约三五好友吃饭聊天；偶尔带上家人出去旅行，看看外面的世界。这是所有人都能去追求的东西，也是幸福之本。

在平凡的人生中享受平凡的战果，在普通的日子里感受普通的快乐，这样就足以过好这一生了。

6.
文案变现：
新媒体时代下的必备技能

在这个主业吃饭，副业挣钱的时代，似乎每一个人都想利用互联网做一份副业，无论是新媒体运营还是视频创作，以及各行各业中需要文字宣传的工作，都离不开写文案的能力，一篇好的文案可以从标题就引人入目，内容更是可以戳中人的内心，这个时代有许许多多的人通过文案变现，建立了个人品牌，成为网红、博主等公众人物，实现财务自由。

如果你对文案创作有过了解，或者看过很多的写作课，就会知道现在市面上踊跃出了一批文案写作培训师，但是听完他们的写作课后你的水平增长了多少呢？

写作课里告诉你要选好痛点话题，标题吸引人，告诉你多积累素材，多读书提高文笔，但是大多数都是泛泛而谈，没有即学即用的写作技巧，毕竟文案创作不是文学创作，它门槛没有那么高，完全可以通过一些实用技巧来掌握。

⑧ 提高文笔的实用宝典

（1）说人话，讲有逻辑的话

有的人提起笔就开始装文艺，仿佛句子里不加个曾、若、何必等古文用词就不叫有文采，喜欢用华丽的辞藻去修饰文章，有的句子去掉这些辞藻就变成了一句毫无逻辑的句子。

多年前，我看郭敬明在《幻城》里写："风吹起如花般破碎的流年，而你的笑容摇晃摇晃，成为我命途中最美的点缀。"是不是美感十足，当年我一度对这种所谓的文采所迷恋。

直到我读到：

> 一个人只拥有此生此世是不够的，他还应该拥有诗意的世界。——王小波
>
> 我会不爱你吗？不爱你？不会。爱你就像爱生命。算了。不胡扯。我爱你爱得要命，真的。——王小波
>
> 如果你给我的，和你给别人的是一样的，那我就不要了。——三毛
>
> 对待生命你不妨大胆一点，因为我们始终要失去它。——尼采

这样的句子能让你看到写作者的逻辑所在，一看就能看得出语句中的前因后果，有哲理的话用我们平时的说话口吻就能写出来，而不是刻意地用修辞来掩盖文段的苍白。

这种需要如何练习呢？首先要有逻辑，先用最朴素的语言描述出你表达的想法，然后不断对语句进行加工：

　　一个人不能光活着就完了，还得享受有趣，有诗意的生活才行。

　　——一个人拥有此生还不够，还要拥有诗意的有趣的生活方式。

　　——一个人只拥有此生此世是不够的，他还应该拥有诗意的世界。

先用最朴素的语言描述出你表达的想法：

　　人的生命只有一次，所以人要大胆一些去做喜欢的事。

　　——人终究要失去生命，所以我们要大胆地生活。

　　——对待生命你不妨大胆一点，因为我们始终要失去它。

　　你再看后两句，有多少华丽的辞藻呢？你能看到的只是发自肺腑的真诚，你不必给你的文字过多地穿上奢侈的衣服，好的内容是即使你把她的衣服扒了，留下的依旧是迷人的裸体。

　　你再看下面的两句，他们表露出的真诚才是最打动人心的，这来源于对生活的观察和留意，你需要准备一个本子去记录那一瞬间的想法和灵感，可能就是一句短句子，这将会成为你个人的语录。

　　文章中需要这样的句子作为点睛之笔，也就是金句，但不要整篇文章都追求句句精辟，这样就没有了节奏韵律。

（2）关于词汇和修辞

　　文章不能满篇花里胡哨的修饰词，但没有修饰的文章会变得平铺直叙，这就像简单和简约的关系，好文章是简约而不简单。

我们要掌握高级词汇，如果你发现你的文章中大量出现：美好、快乐、痛苦、挫折、努力、悲伤、不舒服、不好用……一系列常用词，会显得你词汇量匮乏。

比如说"树"你不晓得榆钱、法桐、冷杉、合欢、木棉、白杨……那你写的只能是"大树"，如果你不知道描写悲伤可以用悲怆、悲恸、苦涩、哀痛、酸楚、枯槁、黯然销魂、悲不自胜、剖肝泣血……那你只能用伤心、不舒服；如果你描写红色不会用嫣红、绯红、猩红、血红、残红……那你只能用"啊，好红好红"。

形容漂亮我们还可以用动人、迷人、可人、清丽、秀丽、俊美、秀美、倾城……

形容努力我们可以用勉力、发奋、致力、勤勉、悉力、勤恳、勠力、辛勤、勤奋、竭力、发愤……

词汇丰富，文章才不会枯燥无味，用好了词汇你才能写出动人的句子，不信你看：

> 她那时不懂，那是他眼角眉梢的秋意。——张爱玲

所以，你需要积累词汇量，用笔记收集你读到的好词，并且记在脑子里，下一次写文章时要提取出来用。

在描写场景或者物件的时候尽量要具体，才能给人真实感和代入感，而不要想着偷懒只是大体概括。

比如：

桌子上摆放着的不是一杯饮料而是一杯加冰的薄荷柠檬茶。

远处跑来的不是一条狗而是一条卷毛的可卡犬。

男朋友送你的不是一束花而是一束蓝色妖姬玫瑰花。

你喜欢的不是那个好看的女孩子而是那个含苞欲放的清纯少女。

懒洋洋趴着的不是一只猫而是一只西伯利亚森林猫。

那个帅哥穿着的不是一件外套而是一件灰黑色的毛呢大衣。

具体地描绘出场景，才能使得这件事发生得真实可信，如同身临其境，感同身受，读者可以根据你的描写看到、闻到、触摸到你的文字。

⑧ 通过阅读提升文笔

我身边有很多喜欢读书的人，每年消化几十本书，其中就有一个朋友读书很厉害，枯燥的有趣的都能读进去，但你让他写个300字的文章，他难死了，不会写。

有的看玄幻小说，有的看了几十部小说你让他写写看他说不会写，很多时候读书提高的是我们的阅读能力而非写作能力。

书看过了大多数都会忘，那我们看书干什么？忘了的是具体的内容，记得的是一句话两句话就能概括的理念，潜移默化地影响我们的三观。

仅仅这样还不够，如果你不仅仅想要成为一个阅读能手、一个书评家，书读得多的人不一定会写文，会写文的人懂得精读书，你需要刻意地去读书，刻意地记录书中的词汇、句子、理念、结构，不能走马观花，要反复复习。

找到你的文学偶像，比如你喜欢王小波和刘墉，拿来他们的书反复阅读，分析他们的故事结构，分析他们选择的话题，哪些可以为你所用，这一点我在第五条中详细讲解。

所以一目十行地看完一本书对于写作是远远不够的，比如一本小说，从细了讲我们去分析书中人物的性格，如何通过动作心理描写来刻画人物，如何通过环境来渲染气氛，是怎么样推动的故事情节的发展，故事的戏剧性怎么体现……宏观上，这本书肯定有一个主旨，小说分为几部分，高潮在哪里，这些都需要你去琢磨，画个大纲，慢慢品味。

⑧ 让读者对你的文案感同身受

叶圣陶在《文心》里说：

> 读书贵有新得，作文贵有新味。最重要的是触发的功夫。所谓触发，就是由一件事感悟到其他的事。你读书时对于书中某一句话，觉到与平日所读过的书中某处有关系，是触发；觉到与自己的生活有交涉，得到一种印证，是触发；觉到可以作为将来某种理论说明的例子，是触发。这是就读书说的。对于目前你所经验着的事物，发现旁的意思，这也是触发。这种触发就是作文的好材料。

触发我们可以理解为搔到读者的痒处，让他感到兴奋，产生情绪上的共鸣。

想要让你的读者感同身受，必须打动他的内心，让他认同你的观点。你不能只是写着自己高兴，不管不顾读者的心理活动。

就像聊天一样，得顾及对方的感受，聊的话题人家不感兴趣，那还聊个什么劲？

一个话题可以展开很多的文章，这就需要你去思考，去收集资料，首先让自己成为一个正能量三观正的人，如果你自己的思想都很狭隘的话是不可能写出理性的文章的。

选择完要写的话题，接着你需要想题目和内容了，内容如何写得有深度呢？我们接着看第四条。

⑧ 如何用大脑给思维深度地加工

别急着下笔，不如独处一下，去找一条安静的小路一个人去思考问题，你需要好好地思考你的文章观点，绝不可以人云亦云，人人都知道的观点就先摒弃掉吧。

⑧ 文章结构的思维锻炼

一篇文章要有结构性，结构是文章的骨头，先有骨头再去填血肉，不能想到哪儿写到哪儿，在你写一篇文章前思考以下几个问题：

　　1. 这篇文章表达的核心思想是什么（先把核心思想用30到50个字罗列下来）？

　　2. 你表达的思想能够给读者带来什么意义？

　　3. 你这篇文章的亮点是什么？哪方面与众不同？

　　4. 文章能够让哪部分读者产生共鸣？

　　5. 如何表达得自然，通俗易懂？

　　如果你思考了这些问题，并且能够给自己一个满意的答案，那么你的文章脉络就有了。

　　先说后写会更容易，我们去表达一个观点可以说张口就来，但是写的时候却差强人意，不如先自言自语地说出来，然后再打在电脑上，对你口语化的表达进行一点修改即可。

　　不要东一句西一句乱七八糟，要学会捕捉灵感，先记录然后再反复地删改，好文章是改出来的，不要觉得自己写得不好，也不要写完就接着写下一篇，慢慢改吧，改到好为止才能进步。

　　在阅读别人好文章的同时学会记录他的写作结构，罗列出文章的框架记录在便签上，然后再去研究他是怎么给他的文章结构填补血肉的，用了哪些技巧，然后你就可以模仿着用在自己文章上了。

　　这一点需要积累一段时间，不要被好词好句、华丽辞藻、动人故事的表象迷惑，你的文章不再是想到哪儿写到哪儿，而是由紧密的逻辑结构组成，此时再去添加那些表象，则会让你的文章锦上添花。

好的句子，好的故事完全可以去积累，而好的逻辑结构却难以锻炼，所以要找准重点去突破，你的文章就有了质的改变。

⑧ 写作过程中遇到的问题

（1）不知道选择什么话题去写

当脑子一片空白的时候写不出来也不要硬逼着自己去写，但也不能随他而去，可以选择一个安静的空间泡一杯茶或者咖啡，阅读一些杂志，当你读到别人观点的时候无论认同与否是不是有一肚子话要说？这个时候就要把心里想的记录下来。或者思考身边发生的事网上看到的事，它们有的让你感叹有的令你愤慨……想着想着你就有了思路，总结一句话：80%的时间去想，20%的时间去写。

（2）写的语言不通顺

这不是个大问题，不要默读，发出一点声音读你的文章你就能读出哪里不对劲了。

（3）想说的太多，写得繁杂

最好是切题要快，删除与主题关系不大的话，这个时候会有思绪的挣扎，因为你会舍弃一些原本你觉得不错的东西，对表达同一个意思的文段进行整合，不要有过多的重复。

（4）不知道去哪儿寻找素材

网络上面素材太多了，关注一下新闻、微博，别人文章里的故事等，多去看哪怕囫囵吞枣有个印象，用到的时候再把它翻出来用，用自己的风格把它表述出来。

⑧ 优势定位，成为文案高手

实话说，每一个人的长处都不一样，真的不是每个人都适合写故事，有的人看了很多攻略看了很多的书依旧不会写，可别真怪攻略写得不好，这跟人的思维方式有关系。

之前有人让我教他写作，我就差拿着他的手一笔一画地写了，还是不行，这跟人的天赋、思维方式、个人经历有关，这不是对他的否定，而是他没有认清自己擅长什么。

教你一个有效的方法，你去看那些粉丝量多的大V（网民将这种经过个人认证并拥有众多粉丝的微博用户称为"大V"），有美妆达人、健身达人、摄影达人、旅行达人、美食达人、时间管理达人，甚至小众的汉服、球鞋、手账、水彩都能够成为大V。

你可以另辟蹊径啊，选择你最喜欢的爱好，把它研究透彻，我有一个朋友喜欢多肉，于是对多肉进行了钻研，自己一开始养了几百株多肉，慢慢地有了经验，他用文案和图片的形式将自己的经验分享出去，收获了几十万粉丝，最后还将多肉养植的经历写成了书，成为多肉圈的达人。

所以，想要通过文案变现的路不止一条，重要的是找到自己的爱好和定位，通过刻苦钻研，才能破茧重生。

⑧ 最为核心的写作秘诀

最核心的文案写作秘诀，即审视、反思和修改你的文章。

当你把文章写得差不多了，就得反复地修改，就像是摄影作品做后期，三分拍七分改。

如果你学过绘画，你就知道当你画完整幅画你会感觉画得不错，你会自我陶醉于你画的某一个点，比如这棵树画得神来之笔，这座山画得很有意境，那你走远点再看，把画板拿远，就能发现毛病：那棵树太过突兀，那座山画小了，离得远你就看到了画的整体。

文章也是，你得以旁观者的眼光去看，去审视反思你的文章。

反思是人类最伟大的技能，自己对自己质问，自己对自己的思考再思考。

如何审视呢？

1. 把你的文章读出来试试，每一句话都读出声了，这样你就不会跳过无聊的部分，直奔你心心念念那段让你沉迷的句子了，读出来才能发现哪句话不通顺，哪个观点有问题。

2. 拿几篇和你的文章类似的好文做对比，你写的有没有超过他，你的优势在哪里，如果写的还达不到，那就思考原因，模仿着借鉴。

3. 交给你的读者和朋友评价，如果你的朋友看了你的文章有一种想要把它分享给别人或者转发朋友圈的冲动，那你的文章就已经很不错了，如果你的朋友对你说："哈哈，还不错，哈哈。"那你就需要再去修改了，怎么改？回到第二点，拿好的文章做对比，做加法：增加案例，增加好句子，增加个人表达和抒情；做减法：去掉可有可无的句子，去掉重复表达一个意思的句子，该简略的段落用两句话概括。

　　我以前认识的一个学弟，很认写，最努力的时候达到日更，坚持了一年多，你去拿他一年前写的文章和现在的进行对比，基本差不多，完全是换汤不换药。

　　我经常看到某某文下面写着：某某训练营日更第N篇，能坚持日更很有毅力！

　　很多人想知道提高写作水平的方法，有人可能会说坚持写，多读书，有的人写了100篇只是把自己那点东西重复了100遍，成为低质量勤奋者。

　　写完一篇文章想着终于要写下一篇了，坚持日更我真努力，最后还不是达不到预期效果？有人来找我说自己坚持了那么久好累啊，都没人看，我说你别写了，拿出来以前的一篇文章改吧，拿着好文比着葫芦画瓢，反复修改，实在不行整体修改，直到满意了再开始下一篇。

　　你得给自己定位。想写受欢迎的但是写了没人看，那还是你哪里出了问题，试着去解决问题，去反思自己，而不是想着我再更一篇吧，这一点尤为重要。

　　想成为文案达人？那需要天赋、经历加汗水。想要通过写作获得经济回报，那么经过合理的训练手段加上不懈努力就能够做到了。

　　悉德在《电影剧本写作基础》中讲过一句话："你知道得越多，你能表达得越多。如果你只懂一点点，那么你能写出来也只有一点点。"

　　相信苦心人天不负，在这个时代洪流中找到自己的定位，成为一名文案高手。

7.
有哪些相见恨晚的生活道理？

⑧ 对象不是追来的，而是吸引来的

　　掌握大量的花式技巧，学习一些语言话术，送礼物，发祝福……在过往的认知里对象就是这么追来的，但这种老式方法很难再追到心仪的对象了。

　　不要去追一匹马，而是要将追马的精力用来种草，这样你就能吸引来一群马供你挑选。拼命去追可能很难追到，而吸引才是最有效的方式，对象是要靠自己的人格魅力吸引来的，与其花大量心血去讨好对方，不如不断提升自己的外表、性格、情商、学识，这样能够在交友市场上占据优势，如果自身条件不够出众，一味追求只能适得其反。

⑧ 盲目地合群其实是在浪费时间

不论是学生时代还是步入职场，令人头痛的一个问题就是同学关系/同事关系，不论走到哪里盲目合群都会让自己烦恼，知道尼采的人一定听过"雄鹰决不结队飞翔。这种事应当让燕雀去干……飞高远骛，张牙舞爪，才是伟大天才的本分"这句话。我们也有句老话——燕雀安知鸿鹄之志，叽叽喳喳的燕雀总是成群结队的，孤傲的雄鹰才能够展翅高飞。

给自己留出时间进行深层次思考，喜欢独处的人精神世界往往更丰富，在最为轻松自由的状态下，思己所思，做己想做。只有独处时人才会和自己有更深的沟通，产生更深层次的思考。

别怕别人会疏远你，坚持自己的事，不要去为了合群而浪费时间，等你做出成绩来每个人都会对你另眼相看。

⑧ 叫醒你的不应该是梦想，而是昨天早睡

有一句话这样说："如果你能每天坚持早起，你就已经超过了80%的人。"

自律的人往往习惯早睡早起，养成好的作息习惯，这样第二天会很有精神，工作效率也会相应提高，那些每天熬夜加班学习的人，看起来学的时间很久，但是不如早睡早起效率高，每天早上起来晒晒太阳，晨光和湿润的空气可以给人带来一整天的清爽。

如果你每天熬夜，并且你第二天起床已经到了大中午，你

会觉得一天过得浑浑噩噩，没过多久太阳就要落山了，一天之计在于晨，想要早起最好的办法就是早睡，早睡是自律的一天的开始。

⑧ 思考你想要成为一个什么样的人

苏格拉底的一句名言警醒世人："认识你自己。"

认识你自己的人生观、价值观、世界观，先天能力、梦想追求、生活方式，认识自己首先要向内看，知道自己是个什么样的人，根据自己的个性去规划人生，其次还得向外看，认识周边的环境和处境，研究社会背景和时代趋势，把握好机遇和方向，有些时候选择大于努力，周边环境会限制一个人的眼界和思维，家庭背景也影响了未来可以成长的高度。

在认识自己的情况下思考自己是谁，想要成为什么样的人，有目标和计划是突破自我的第一步，挖掘自己的兴趣和特长，多花时间去思考自己的人生生涯，不要尽信他人的意见，找到适合自己的道路更重要。

⑧ 不要做低价值回报的兼职

现在流行一句话：主业吃饭，副业赚钱。

很多人将副业做得风生水起，甚至收入已经超过了主业。但是我的建议是，如果你的副业给你带来的价值和成长不高，仅仅只是兼职多挣一份收入，如果不是家庭困难，那么不建议你去做这类兼职。

　　每一种行业做到行业前10%都非常赚钱，想要达到这一点需要用心专研，把这一行业的技巧和人脉吃透，成为一行的专家，这需要你付出比一般人更多的精力来研究思考，如果你将大量时间花在了兼职上，很难在本行业做到顶尖。

　　因此选择副业时，一定要评估价值回报，这里说的回报不仅仅是金钱，还有是否能够给自己带来能力上的提升和长效收益，如果你的副业有利于主业，或者能够具有超过主业的回报，那么你的这份劳动就是有价值的。

⑧ 树立良好的理财观念

　　消费主义盛行的时代，月光族、月欠族已经是年轻人的常态，如果你去深入了解，各行各业都在想尽办法卷走消费者口袋里的钱，商家们纷纷发动脑筋，给产品加上精美的包装，赋予其文化价值，让消费变成一种生活方式。

　　学会理财首先应该学会节俭，把钱花到有价值的地方，在购买一件商品时需要思考自己是否需要它，分清自己购入的是资产还是负债。将自己的存款进行理财，别把鸡蛋放在同一个篮子里，有句话说：你不理财，财不理你。理财思维是一种金钱合理配置的思维方式，开源节流才能得到财富的青睐。

⑧ 与不同职业、不同层次的人交流

这件事越早越好，关系到一个人的眼界和命运。

假如高中的时候能够跟学长学姐交流，对未来有所规划，也许你会选择更适合你的学校和专业。

假如大学的时候能够与社会人士交流，尽早实习练习技能，也许你会找到一份更加合心的工作。

尽早和不同层次的人交流，能够收获对待问题不同的视角和观点，如果长时间局限于自己身处的圈子，思想会被周围人同化，寻找更高层次的人深入交流一次，对待自己的人生就会有更成熟的看法。听君一席话，胜读十年书，千万不可故步自封，不管你年龄多大，虚心求教都能让自己获得启发。

与陌生人打交道，要大方得体、以礼相待；与前辈交流，要谦虚尊敬，乐于学习；与同好交流，要敞开心扉、袒露自我。无论与什么样的人相处，都做到从容自若，带着谦逊和平和的心态，从中找寻生活的真谛。

和不同人交流，可以锻炼你的人际交往能力和表达能力，开阔视野，增长见识，不断接触不同的人才能找到自己与外界的差距。在这个过程中也能结交到优质人脉，在交往过程中领悟百态人生。

⑧ 远离天上掉馅饼的事

我身边一个例子：小两口本来在家做点小生意，生意还算红火，没用几年就挣了几十万元，后来听人说把店关了，又跑去广州做大生意了，大家都觉得这小两口有魄力，敢闯敢拼，有经商头脑。

再听到他们的消息已经是一年后了，小两口回到家郁郁寡欢，妻子得了抑郁症，有几次都想自杀被拦了下来，原来他们去广州不是做什么大生意，而是被卷入了传销组织，自己辛苦赚的几十万元全部化为乌有不说，还欠了一屁股债。

这类例子在我身边不在少数，他们都有一个共同特点，就是想要空手套白狼，不切实际地相信天上掉馅饼的骗局，想要用低成本换取高收益，贪得无厌往往适得其反，最后都赔得一干二净。

那些所谓赚钱宝典、理财秘籍、获奖邀请、在家赚钱……大多都是设置好的骗局，你只需知道，天上掉下来的馅饼，一定没有好东西，脚踏实地，归于现实，才是发家致富的根本。

⑧ 所谓情商高，就是好好说话

如果从传播学角度来讲，好的口才能够将你心里想的意思精准地传达给对方，并且通过情商的加持，动之以情，晓之以理，进而使对方认可自己的想法，大大提高了沟通效率。

不得不承认，无论在职场还是生活，口才好的人人缘往往不错，结交甚广。工作提高到了一定职位，最重要的就是与人交往，在现实生活中，口才好的人更容易晋升管理层，比只会埋头苦干的人更有上升空间。

好好说话，不一定是雄辩家，更不是溜须拍马，那些讨好人的语言技巧和花样只能算是口齿伶俐，而不是清晰、得体、巧妙、生动、有效地表达诉求或者想法。语言是一门艺术，如同写作一般，它需要抑扬顿挫、委婉婉转、生动形象、突出重点、插叙伏笔……

一副好口才，不是滔滔不绝、据理力争，虽然这样能够很好地表现自己，但是并不会获得他人好感，锋芒毕露非常容易树敌，交谈时要考虑对方的心理感受，学会圆场、捧哏、缓和氛围、突出对方优势，恰当表达自己的观点，幽默又带有分寸感，谈笑风生中寥寥数语，就能让人心生暖意。

⑧ 朋友越来越少，人心越来越难交

随着年龄增长，朋友们渐渐疏远了，那些说好了做一辈子好朋友的朋友也许都不再联系了，而成年后，却发现新结交的朋友越来越难交心。

年纪小时，交朋友目的单纯，成年后在复杂的环境里遇到的人大多都带有一定的利益关系，相比起同学时期的感情少了一份真挚，如果你还有几个遗留下来的老朋友，一定要珍惜，时间就像是一个大漏斗，能够经住时间冲刷筛选过的一定是真诚的。

成年后的社交一方面是需求陪伴，一方面是需求人脉，知心朋友在精不在多，一生可以遇到一两个把酒言欢的知己就已经来之不易，而人脉在社交中一样也很重要，尽管人心越来越难交，但是你只要付出真心，就能换来对方心门的钥匙。

⑧ 遇事以诚相待，会成为你的口碑和名片

更多的时候，真诚行胜于言，古人云："路遥知马力，日久见人心。"当一个人付出真心时，对方完全能够感知到，人际交往并没有我们想象中复杂，合则聚，不合则散，带有目的性地讨好或者为了合群而交往的关系往往经不住考验，与真诚待人相对的是虚伪待人，处事圆滑、心口不一的人精并不是高情商，相处久了就会暴露出本性。

与朋友交往需要懂礼，拜托别人做事一定要给予回报；别人给你带礼物，要懂得礼尚往来；朋友麻烦自己办事，要尽力而为；自己的事情尽量自己解决，向朋友借钱应当及时归还。你的每一份真诚别人都能体会得到，在口口相传中给自己在别人心中树立了实诚的印象。

⑧ 人生只有29200天，不妨大胆一点

童年、青少年、青年、中年、老年，人生就是从成长到成熟的过程，回过头看上一个年龄阶段如白驹过隙，如果有幸可以活到80岁，那么你的人生只有29200天，960个月，其中青壮年时期不过短短二三十年，想到这你是否觉得人生短暂，充满了遗憾。

在短短几十年里，你不妨大胆一点，把取悦别人的时间拿来取悦自己，尽最大的努力实现一次自我蜕变，找到自己内心深处最热爱的事去尝试一番，人生苦短，最重要的就是为自己痛快地活一次，尽力了哪怕没能实现目标，为自己的人生拼搏的过程，

一样充满了意义。

⑧ 别戴着有色眼镜看人

有一个好的识人方法，就是看一个人对待他人的态度，你的态度透露了你的人品和格局。

就好比社会中无处不在的歧视现象，人们歧视的对象无外乎穷人、残疾人、病人、黑人……尽管他们都是社会中的一分子，也在为社会做贡献，但却因为身份遭受到了不公平待遇，所谓歧视就是不分青红皂白的偏见，将群体简单地标签化，无论这个人人品性格如何，只要贴上了这个标签，就会受到侮辱或者轻视。

而这种习惯戴着有色眼镜看人的人，内心往往充满了无知和狭隘，遇到自己无法认同的人和事，采取的方式只有攻击或者对立，从不会抱有一颗包容的心，尊重他人，理解他人，当你在歧视别人时，就已经暴露了自己的修养和境界，无法做到以一颗同理之心待人，又怎么能够赢得他人的尊重爱戴呢？

⑧ 把钱花在有价值的地方

我们都知道钱来之不易，一边是消费主义盛行，购物成了时尚的潮流，一边是宣扬勤俭节约是中华美德，当代人的消费观充满了矛盾，一种是大手大脚消费后带来愉悦的体验，一种是口袋空空月月借贷后的自责。

　　要我说，不要陷入消费主义的骗局中，也不要过度节俭，要把钱花在有价值的地方上，用到刀刃上。

　　最重要的是投资自己，外在上，比起价格便宜质量较差的服装，不如买几件有质感的品牌服装，从外在上提升自己的品位，学会打理自己，给别人留下好的印象。

　　内在上，要提升自身修养和见识，多出去走走开阔视野，多读好书提高眼界，多学习技能掌握一门吃饭的手艺。在这些方面要敢于花钱，提升自己就是投资未来，经过不断的复利，几年后的回报会给你一个惊喜。

　　其次是要把钱花在最常用最朴素的地方，比如一套精美的餐具，餐具是我们每天必用的工具，一套好的餐具不仅美观，而且可以体现自己的品位，而餐具一般可以用很多年，一次投资收益时间非常久，对于这类最常用到并且投资回报率高的物品，完全可以花多一点钱，在消费时注意评估价值回报，你就可以省出一大笔钱。

Five

彼此需要，
让我们走得更近

1.
付出越多，
离爱越远

在面对情感时，有人总是想要付出更多，以为只有不断付出才会有回报。

比如有的人喜欢委曲求全，在爱情中渐渐丢失了自我，在不断付出的过程中自己把自己感动得泪流满面，对方却不为所动。

一段感情的结束往往也是付出更多的那一方受到的伤害更大，自己痛彻心扉之际，却发现对方波澜不惊。

所有"我为了你可以……"开头的言语，最终都成了"可怜之人必有可恨之处"的笑话。

付出那么多，为何对方还不懂得珍惜？人为何会总是如此？这就不得不说心理学中的富兰克林效应和凡勃伦效应。

前文中，我们已经反复强调了富兰克林效应的原理：想要与一个人建立好的关系可以先麻烦他一下，让他为你付出比你为他付出更能获取对方的好感。

埃克苏佩里写的《小王子》中有一段描写诠释了这一点：

小王子起初在一座孤独的星球上生活，这个星球上出现了一朵玫瑰花，小王子看到了玫瑰花非常兴奋，因为他从来都没有见到过这么漂亮神奇的生物，于是每天给这朵玫瑰花浇水，悉心照料。

那时他觉得这是宇宙中最美的花，直到有一天他来到了地球，在一个花园里，他发现了原来仅仅只是一个花园就有5000朵玫瑰花，争奇斗艳。

原来自己心爱的那朵玫瑰花不过是千千万万玫瑰花中的一朵，一点也没有什么稀奇之处，小王子想到这儿伤心起来。

但是尽管小王子知道了自己玫瑰花的普通，还是心心念念放不下它。

直到有一天小王子遇到了狐狸，狐狸对他说："正因为你为你的玫瑰花花费的时间和心血，才使得你的玫瑰花变得美丽。"

这时小王子才明白过来，因为自己每天给它浇水、陪它说话、用心照料它，玫瑰花就只属于他一个人，对他而言，是这个宇宙里最独一无二的玫瑰花，因为付出，所以不舍。

当一个人对另一个人付出越多，自己就会越喜欢对方，慢慢变得越陷越深，但你的付出可能只是一厢情愿，不如想办法让他也对你付出，这样你们就可以快速建立一段亲密关系。

想要理解为何过度付出会离爱越远，需要进一步探讨，我们再来看凡勃伦效应。

凡勃伦效应原本是一种经济学概念，由美国经济学家凡勃伦提出，指的是消费者对一件商品的需求，会因定价越高而增加，也就是一些商品的定价越高越能畅销。

比如同样一双皮鞋，放在普通店里卖200元，进入购物中心后卖1000元，却依然有着不错的销量，因为人们在满足物质需求的同时更需要满足心理需求，价格昂贵的商品总是给人质量优质的感觉，花费大量成本买来的商品，比廉价的商品更能满足内心炫耀感和自我标榜。

用凡勃伦效应看待亲密关系，一个人如果三言两语就能追到手，或者总是不计成本地付出，带给他人的感觉是容易得到的，身份卑微的，身段低下的，在人们的认知中，轻易得到的就是廉价的，难以获得的才是珍贵的，当你不计成本地对别人付出时，你的付出就会显得廉价。

人们在欲求不满时，会产生征服欲、占有欲，这种原始的欲望十分强烈，它会引导人不断挑战，去追求征服难以获得的东西，从中获得新鲜感和满足感。

"物以稀为贵"，偶尔的付出会给人惊喜，你的付出太泛滥，就变得一文不值。爱情不是靠付出得来的，而是靠吸引得来的。

我给很多人讲过人的吸引力法则，爱情最美妙的朦胧期在于若即若离，引发情感的高峰在于欲扬先抑。一开始付出，对方会觉得感激和满足，但是源源不断地付出会让对方对这段感情感到麻木，你的付出就成了理所当然，毫不起眼。

好比新买的一双鞋，刚开始蹭上一点灰都要蹲下来擦干净，穿久之后即使被人踩一脚可能也很少低头。人对感情也是如此，一开始怜惜你辛苦操劳，到后来，你痛哭流涕他也不会心疼了。

感情应当是建立在平等之上的，互相付出且爱自己，一方的过度付出会导致另一方习惯索取。别把对方看得太完美，也别把自己放得太卑微，也许在你舍己为人持续输出自己的爱时，另一半却在规划如何逃跑。

在一段关系中保持自我和独立，给感情以呼吸的空间。

2.
仪式感拯救无趣生活

01.

《小王子》里说："仪式感就是使某一天与其他日子不同，使某一个时刻与其他时刻不同。"

人类自古注重仪式感，从祭祀、葬礼、婚礼到庆祝节日、生辰……通过繁杂精细的形式，来体现对事物的重视感，比如祭天向龙王求雨，群体约定俗成一种仪式，通过磕头、上礼、上香等庄重的形式来满足内心的期待。仪式感赋予平凡以意义，是构建人类精神家园不可或缺的一部分。

庄重的仪式需要用重复过程来体现。

你在早上起来吃一个沙拉三明治平平无奇，但是你每天都会7点起床，并且在7点30分时吃一个同一品牌的沙拉三明治就显得格外具有仪式感。

叔本华每天遛狗路过拐角处的一家商店时，时间正好是下午4

点，风雨无阻，这是属于他的仪式感。

村上春树每天早上起来写4000字不再多写，然后慢跑10千米，也是风雨无阻。

我的一位朋友每天早上都花一个多小时做花样百出的早饭，水果沙拉、鸡蛋卷、三明治、乌龙面……各式各样，配上一杯咖啡美美地开启新的一天。

简单来说，仪式感就是花心思将平淡日常变得庄重有趣的过程。

之前我是一个糙汉子，在一位朋友的带领下开始学习护肤知识，从原来只会用一瓶大宝乳液擦脸，到现在买来了洗面奶、爽肤水、精华、乳液、防晒霜、面膜……每天早晚洗完脸，按照顺序开始使用，尽管我不知道这其中的某些产品在我脸上到底有没有效果，但是每天重复并且严格按照顺序涂抹的时刻带给我一种仪式感，让我的内心感到充实。

仪式感满足的是我们的精神需要，给疲惫生活带来了一丝惬意。

02.

现代意义上的仪式感，不再像是过往那般的繁文缛节，它可以渗入生活的点点滴滴。

享受生活应该是从找寻仪式感开始的，你要做个背包客到处旅行，准备一个好的背包、水杯、衣服、登山靴、防晒衣……这个过程你就能享受到仪式感带来的满足。

　　当你想要学习，将书桌整理干净，泡个热水澡，点上一支香薰，泡上一杯咖啡，削好一盘水果放在桌子上，在空调的微风下，在舒适的椅子后背包裹你的背颈部时，你的学习也会变得高效。

　　当你要出门约会，将一些护肤品均匀地涂抹在脸上，化上精美的淡妆，换上一身得体的衣服，喷上你最近喜欢的香水，一番精致的背后换来了自信阳光的内心和一次绝佳的约会体验。

　　制造一项意想不到的惊喜，给每一座山起一个好听的名字，给自己远方的朋友寄一封信……

　　仪式感是一种生活态度，让我们无趣的生活变得不再枯燥。

　　2020年初，新冠肺炎疫情席卷全国，我不得不在家多待上几个月，少了很多工作和社交，让我可以感受慢节奏的生活，在家时，母亲每天都张罗一桌子饭菜，清炒茄子、炖黄花鱼、辣子鸡、酱排骨、红烧鲤鱼、凉拌黄瓜、油焖大虾……每天换一个花样，一家三口四菜一汤，有猫有狗喜乐扬扬，这让我感受了出门在外吃外卖时永远也没有的温暖，哪怕在五星级酒店，也享受不到家人陪着吃饭带给人的归属感和仪式感。

　　慢慢领会到，人间之美在饭菜之间，在最平淡质朴的情感里。人生的本质、幸福的本源在于享受亲友相处的乐趣。

　　每日在外漂泊，努力赚钱、实现绩效，忙忙碌碌回过头才会发现，幸福就在不远处。

　　人这一生当中，最令我们动容的，就是那些日常里清淡的欢愉。

　　我们应该拨开包裹生活的布，去精心准备一粥一饭，去欣赏一花一木的凋零与盛开，一朵洁白的云，一泓甘洌的清泉……

03.

之前，韩国一部短片刷爆了我的朋友圈，名为《30天的约定》。短片里描绘的画面打动了许许多多的人，被称为"韩国年度最佳短片"。

短片中男女主角本是一对恩爱的夫妻，但耐不住时光飞逝，激情已去，和大多数家庭一样，生活归于平淡，只剩下柴米油盐。

面对这种局面，男主想了很久，提出离婚，他对女主说："我们离婚吧，我们都不幸福，不是吗？"

女主听后也想了很久，第二天答应了他，并且提出了一个请求：在最后的30天里，男主要完成她提出的要求。尽管男主不是很乐意，但是在女主的强烈要求下，想到反正30天后就可以结束了，只好答应了。

在这之后的30天里，女主反复提出了很多要求：上班前抱她一下再走，睡觉前说我爱你，早上醒来亲她一下，逛街时牵着她的手……

丈夫一开始很扭捏，牵手时很生硬，就这样过了15天，男主已经开始习惯这些生活的仪式感。30天后，男主忽然发现，自己又感受到了她对自己的关爱，是自己一直以来都把这份爱当作理所当然。他们再一次感受到了沉甸甸的爱，从未消退。

短片中的主人公，何尝不是我们生活的影子。

我们太容易忽视身边的爱，总觉得他们本该就存在，而仪式就是爱的外在形式，它让爱有所表达，让我们都有所依靠。它能唤醒我们心中的爱意，能够将爱紧紧捆绑在你我之间。

生活需要仪式感。就如王小波所说："一个人只拥有此生此世是不够的，他还应该拥有诗意的世界。"

花一些时间，实现一个浪漫的梦想，做出一些大胆的决定，每一天都要用心好好去生活，用仪式感拯救生活中的无趣和空虚。

3.
依赖型人格的自我蜕变

　　也许是因为童年时期的经历，也许是因为自我认知的障碍，有很多人在处理人情世故上总是依赖别人，我们把这种性格称作"依赖型人格"，多数人给这类人贴上"不懂事""不成熟"的标签，但"依赖"这件事比我们认知的更复杂。

　　导致这种性格的原因其中一大部分来自成长环境，自己喜欢依赖别人是因为早年时期"过度溺爱"或者"缺爱"。

　　被溺爱长大的孩子，万事都想让别人帮忙，小时候一直生活在温室，成年后不得不独自面临社会时，往往无法适应。

　　缺爱长大的孩子，他们不是不成熟，而是成熟得太早，五六岁就懂得体谅大人的痛苦和难处，从小就很懂事，但是在内心深处他们是渴望被呵护的，长大后依旧喜欢付出，以此来换回爱，容易患得患失，没有安全感。

　　在人的一生中，会对父母、亲人、朋友、恋人产生依恋情结，这种依恋可以分为：安全型依恋、回避型依恋、矛盾型依恋。

安全型依恋：婴儿时期，饿了就有人喂奶，哭了就被抱起照顾，对父母比较信任。成年后，对他人有信任感，对待另一半时不会疑神疑鬼，在与人相处时具有安全感。

回避型依恋：婴儿时期，父母对自己的诉求冷漠，忽冷忽热，没有及时给予反馈。成年后，性格冷漠独立，对待情感态度平淡，不会依赖他人，同理心较差，拒绝过于亲密的人际关系。

矛盾型依恋：一方面，渴望得到父母的爱，另一方面，对于父母的亲近又会选择回避。明明非常喜欢你，但是当发现你开始喜欢自己的时候，就不再喜欢你了。这种矛盾纠结的心理是比较痛苦的，他们常常带有焦虑感和不安全感，难以恰当保持亲密关系，患得患失。

简单来说，回避型依恋和矛盾型依恋都是不健康的人格特征，带有这种类型特点的人在人群中不占少数，在心理学研究中，没有哪一个人是绝对的某一种依恋人格，而是一个综合体，大多数人或多或少都带有一些问题。

我们肯定希望自己能够做自己，成为一个自信、阳光的人，但很遗憾，早年爱的缺失对于我们的人生来说是无法弥补的，那种每一根毛孔都散发出自信自我的人，不是学出来的，我们只能尽力而为，一方面适应自己的性格，一方面摆脱性格中的弱点。

⑧ 适度依赖能够让我们走得更近

愿意依赖别人的人对待感情会更专一，尽管往往是那个最容易受伤害的人，所以彼此依赖的情侣才更容易白头偕老。

现在媒体喜欢鼓吹独立，但有时过于独立的人显得人情味淡薄，如果你喜欢依赖别人，这不完全是一件坏事情，美国心理学家伯恩斯坦在《关系》一书中表示：适度依赖是一种安全的依恋关系，能够让人们走得更近，过度依赖会让人感到焦虑、缺乏安全感，回避依赖又会使人变得冷淡。

所以保持在一定安全范围内的依赖，是人与人之间情感的升华，掌握这个度，又要有自己的生活和空间，在依赖中加深感情，在成就自我中给予他人依靠。

⑧ 找回自我，摆脱过度情感依赖

有些人在处理感情问题时容易陷入情感焦虑，比如我的一个朋友，她的精力老是放在男友身上，为男友付出了很多，有时男友离开一段时间不及时回复她消息，她就表现得焦虑，疯狂地打电话发短信，因为过度依赖，他们的爱情最终走向了终点。他男友说，不是不爱她，只是和她相处很累。

明明心里知道很爱对方，不想伤害对方，把这一切归结为在乎对方，实际上却是在乎自己怕失去安全感。所以就有人说，过度依赖的人总是想得太多，占有欲太强。

我认为，首先我们不能把爱情看得那么重，爱情不是生活的全部，我们还要有工作、爱好、亲友，给爱情留出空间，才能喘得过气。其次是要看重自己，自己是父母的心头肉，却在别人面前如此卑微，这样有愧于父母。

感情需要依赖，更需要轻松愉快，人应洒脱一些，是你的不必留，不是你的留不住，保持矜持，才能守住高贵。

⑧ 自信来自一次次成功的积累

给自己做一个手账本，去记录别人口中自己的优点和缺点，记录每一次你成功的案例，把自己认为有收获的事情，获得成长的事情记录下来，不断提醒自己找到自信。

当你开始尝试找到自己的长处，靠自己解决当下的一些问题时，才能获得成长，当一个人知道自己并非一无是处，利用自身优势来处理琐事，对别人的依赖感就会明显下降，也就不会把未来寄托在别人身上，自信不是说出来的，它是把一次次成功的案例，刻在了心里。

遇到难题，试着自己去解决，一心想着依赖别人，最终迷失了自己。找到自己的定位和优势，让一次次亲身尝试成为突破自我的垫脚石。

⑧ 学会做一个"恶人"

心理学表明，依赖型人格的人多数内向，做事尽量避免与别人发生冲突，喜欢顺从别人的意愿。

性格温顺，不善拒绝，担心伤害到别人，遇到问题首先想到的是如何逃避，摆脱现状，归根结底，依赖型人格的人心太软且敏感。

你可以学着让自己狠心一点，这个弱肉强食欺软怕硬的社会，强势的人总是占尽上风，善良温顺的人却被当作"老好人"，实际上，争取属于自己的利益，不让自己受委屈本没有错。别担心拒绝别人会导致关系变差，自己不喜欢做的事别委屈自己来顺应别人，每一个人都不是圣母，坚持自己的立场是我们存活于世的尊严，无愧于心地做个"恶人"，你才能感受到自由。

⑧ 找到适合自己的圈子和事业

有一个很现实的问题就是钱和人际关系，我绝不会道貌岸然地跟你说要自立自强，改变自我，适应社会，努力生活。

对于事业心很强的人来说，他们愿意不怕艰难，奋力工作，但是这不意味着每一个人都喜欢奋斗，都能忍受老板的数落和996的生活方式。对依赖型人格的人而言，遇到问题喜欢求助援军，但跟人打交道又难以适应，那么就可以选择一些安静的工作，比如编辑、科研、教师、档案管理……这些职业圈子相对单纯、安逸，不要被社会成功学所蒙蔽，不要因为自己没有挣到大钱就感到自卑，每个人都有自己的活法，找到适合自己的圈子更重要。

⑧ 与孤独和平共处

一个人吃饭，一个人旅行，一个人看电影……这些对你而言是难以忍受还是一种自由？

很多时候我们不爱独自做一些事，害怕孤独，可现实在于很难时刻有你喜欢的人陪在身边，孤独是一种常态，不如与它和平共处。

享受孤独的人有自己的小世界，他们沉迷于阅读、绘画、摄影、追剧……可以看出，爱好广泛的人往往乐于独处，即使一个人也能过得很充实。

培养自己的爱好，并且搭建自己的精神世界，有时从人群里出来陪陪自己，有时陪别人走走，总之你应该学着内心充盈，培养独处的能力。

⑧ 用自己的方式来宣泄压力

依赖型人格在性格上偏内向，缺乏安全感，所喜欢的往往是安静的活动，可能会缺乏运动导致精神萎靡。

科学研究表明，通过运动的方式刺激大脑皮层，产生多巴胺舒缓压力，并且强身健体，增加自信心，或者外出郊游、旅行呼吸新鲜空气，开阔自己的视野，观赏更广阔的世界，这样能让人内心平静，遇事不乱，培养出更强大的内心，避免一个人憋在狭小昏暗的空间，长期待在一个小屋子里会引起抑郁情绪，出门见见阳光才能让人变得阳光向上。

　　成年人的世界里，压力是必然的，你需要找到自己喜欢的解压方式。

4.

怎么保存恋爱中的新鲜感？

　　曾经有人问过我，最难以接受的分手理由是什么？

　　我说，没感觉了。

　　两个人恋爱一时兴起，但日久天长终归会趋于平淡，于是有的人像孩子一般，三分钟热度过后就把对方抛于脑后，寻找新的刺激和新鲜感，这样的人就是面对爱情手足无措的巨婴。

　　你身边有没有这样的例子，两个人好不容易相遇，热火朝天地享受激情和热恋，开始疯狂地黏在一起，打电话到深夜也不愿挂掉，但没过两个月激情退去，微信也聊得越来越少，最终不欢而散。

　　快节奏的时代我们的爱情总是来也匆匆去也匆匆，一边羡慕着可以长久在一起的情侣们，又一边谈着速食恋爱，这里面有着你我均不可推卸的责任，如果你多次没能谈一场长久的恋爱，你可能缺乏：爱的能力。

　　爱人是一种能力，它需要长远地看待一段关系，而不仅仅是追求一时的兴奋和刺激，爱一个人，需要考虑彼此的将来。

　　一个成熟的人谈一段恋爱，是需要考虑未来的关系和发展的，很多人谈恋爱很频繁，他可能没有认识到自己真正需要什么样的伴侣或者心里很明白——仅仅是玩玩而已。

　　两个人如果是因为新鲜感结合在一起，那么往往会随着新鲜感的日益寡淡而分手。

　　两个人长久的发展一定是需要计划未来的，判断一个人是否真的爱你就得看他计划的未来里有没有你，两个人恋爱一起规划未来，或是去一座城市发展，或是存钱买套房子，或是几年后领结婚证，或是一起养一条狗……这些计划就是两个人的共同目标的体现，有了目标生活才能看得见未来，才能向前发展。

　　木心说："从前车马很慢，书信很远，一生只够爱一人。"

　　从认识一个人到了解再到熟悉最终走向爱情是一个过程，你知道爱情里最美的是什么吗？

　　爱情里有个朦胧期，两个人互相有了好感但谁也不说透，互相猜测暗示，对方的一个眼神一句话就能让你内心澎湃，这种感觉像是蒙在我们面前的纱布，迷幻迷离令人难忘，这是爱情最美的时刻，但是现在人喜欢认识后立马恋爱，双方甚至都不了解，没有沉淀感情，只靠激情无法满足长久的恋爱。

　　所以，要学会延长朦胧期，延长恋爱过程，越快速的恋爱意味着越快速地凋零。

　　爱情可以不是轰轰烈烈的，但一定得是细水长流的，一个人从认识到相爱至少要有三个月到半年的相处和了解，这才能给彼此心灵留下深刻的烙印，这是我们去讲爱情新鲜感的前提。

　　提起恋爱过程中的新鲜感，大多数人都会想到过节送一些小礼品，重视对方的生日，偶尔制造一些小浪漫，一起筹划一次旅行，一起分享自己新的看法……这些让我们单调平淡的生活变得有情趣。

有句流行语说：一辈子很长，要和有趣的人在一起。每个人都不是无趣的人，只是看你有没有用心去经营，世界上所有的感情都是需要经营的，为自己喜欢的人去做一些甜蜜的事，才能有发自心底的欣喜和感动。

所以，爱情需要一些仪式感来让我们的生活更充实。

有了这些小浪漫其实还不够，最重要的是双方要有共同的爱好，比如两个人都热爱旅行，那么旅行才有意义，两个人都爱看电影，去电影院才足够浪漫。

有的人不懂你制造的浪漫，这样也很难合拍，所以选择聊得来的人很重要，选择笑点一样的人会更幸福。

所以情侣之间要不断挖掘对方的喜好，尝试新鲜事物，不能日复一日地虚度光阴。

一起体验蹦极、一起尝试跳伞、一起拍Vlog记录日常、一起逛宜家装饰房间、一起骑行去郊游、一起读一本书、一起去露营吃烧烤、一起吃遍各地美食、一起学一项技能、一起打游戏、一起钓鱼遛鸟、一起养花种草、一起健身游泳……真正相爱的人就是从一个人玩到两个人撒欢玩的过程。

因此我们看：

爱情的新鲜感要有意料之外的惊喜，对未知的探索，对彼此的深入交流。

在平淡的生活里制造意想不到的惊喜，不断尝试新事物，两个人一起经历一些事，走进彼此的内心，才能让这种亲密关系变得独一无二，无可替代。

《亲密关系》中写道：**两个人陷入爱河，真正的原因是双方
在某种程度上满足了对方的需求。**

爱情的需求包括了肉欲的、精神的、心灵的满足和寄托。

而这些缺一不可，如果只是因为长得好看在一起，可能遇到
更好看的就分手了，而精神寄托却不会，人类本能地寄托一些事
物来满足自己的安全感，没有人完全没有寄托，相爱的两个人成
为彼此的精神寄托才能让爱永恒。

很多人强调不要过度依赖伴侣，只是不要过度，伴侣之间不
能完全独立，而是达成一种互相寄托互相依赖的关系，一种相依
为命的状态，爱情才能不断地蓬发生机。

《人生果实》是我最喜欢的纪录片之一，纪录片中描绘了日
本一对老夫妇的甜蜜日常生活，从中我们可以探寻爱情可以使人
相扶到老的奥秘。

影片中，建筑师津端修一在林间设计了一栋红色屋顶的木质
住宅，尽管已经90岁了，但他刻意地保留了家里的台阶，为的是
能够在生活中保持锻炼，家事也总是亲力亲为。

他自己打年糕、骑单车寄东西、（看着）毫不费力地登卜梯
子摘核桃，他的妻子英子也已87岁，有点驼背，英子每天变着花
样做饭，修一喜欢日式早餐，英子喜欢西式早餐，面对夫妻二人
不同的爱好，英子每天会准备两份早餐；修一偏爱用木勺，英子
喜欢金属勺，那就准备不同的餐具。尽管他们有着不同的喜好，
却彼此包容理解。

修一和英子在庭院里种了70种蔬菜和50种水果，完全可以
自给自足。英子每天耐心地制作各种复杂的料理，还会精心地摆

盘，制作草莓蛋糕、桃子蜜饯、布丁、樱桃酸奶等等。从烤箱里拿出做好的布丁，两人一起分食，听到丈夫品尝布丁时对自己满意的夸赞，英子会流露出难以掩饰的喜悦。有些食物可饱胃，有些食物则会暖人心。他们的生活每天都是新的，每天也都很用心地过，老两口的相处真是甜甜的。

不干活的时候，修一先生就在他的小书房写信，给老朋友们写信，还给菜市场的卖鱼小伙子写信鼓励对方要好好经营。每封信都会画上自己和英子的插画，旁边写着：87+90=177，这是两个人的年龄。

两人生活拮据，没有存款和保险，靠着修一的退休金生活。他们就是普通人，但他们的故事却告诉我们：衰老并不可怕，有人陪你慢慢变老，是一件很美好的事。浓烈的爱变得如水般清淡，融入一粥一饭之间。闲时的几句笑语，忙时的互不打扰，在平淡中找到生活乐趣并细细品味，才能感到爱情的绵长。

修一和英子在年轻的时候相遇、结婚，甚至没有举行婚礼，但他们却相伴了一生。共同的价值观，懂得欣赏彼此的闪光点，让他们得以在岁月洗礼中拥抱取暖。英子从小就向往田园生活，修一先生的建筑主张以人为本，尊重自然，两人不谋而合。

在他们年轻的时候，修一先生的月薪只有4万日元，可他却想买一艘70万日元的帆船。为了能够给丈夫筹钱买船，英子当掉了自己所有的首饰，也当掉了娘家给自己买的多份保险，修一先生对此并不知情。尽管资金紧张，他们还是开着帆船，开始了在海上的旅行。

长久的情感需要相互的付出。修一承担了家里主要的经济来源和体力劳动，英子也会为完成丈夫心愿卖掉自己的家当，每天打理庭院，用各种食材做出好吃的东西。即便两个人有不同的喜好，但都会彼此包容，这是他们的相似之处。

我们该如何维系一生的感情呢？《人生果实》中的津端修一夫妇并没有万贯家财，也没有刻意地追求物质生活。就像英子所说，他们没有给后代留下任何钱财，但是他们给孙女留下了一片肥沃的土地。既然选择了一个人，就将日子好好地过下去吧。不畏将来，不念过去，全心全意地相爱，然后白头偕老。

这部纪录片告诉我们，和而不同，彼此磨合包容，生活有趣且充实，是爱情保鲜秘籍。

除此之外，有一点需要格外强调：

恋爱切忌用力过猛。

人生而不同，也无须面对爱情就改变自我违背本性，所以尽量不要试图改变自己的伴侣，你可以去磨合去影响，并且尊重对方的生活方式，但不能强制改变。

你需要有自己的时间和圈子，给彼此自由的空间，爱情不是生活的全部，有的女生谈了恋爱与朋友联系越来越少，把全部精力用在了爱人身上，变得特别黏人，这只会让这段感情变得复杂疲累。

爱一个人，不是约束和控制，而是包容和信任。

我们应该用平常心去恋爱，不可用力过猛，至少拿出50%的时间去做自己的事，和朋友玩耍、提高自己的技能、培养爱好……

爱情越平常，一次惊喜就显得浪漫；爱情越简单，一次深入就显得情谊浓厚。小别几日不见，重逢时才会胜似新婚。

5.
为什么越来越多的女性
不愿意结婚了？

你敢不敢一辈子不结婚？

是的，调查发现，不婚族人群越来越多，当代年轻人进入了低欲望状态，伴随而来的是越来越不愿意结婚了，究其原因，是因为人们对婚姻的本质有了不同的理解：婚姻不是我们的本能需求，它不是爱情，不是欲望，不是吃饭睡觉，它只是一种社会的人际关系。

婚姻是种族繁衍和社会发展的产物，它并不等于爱情，就好比现在流行的一句话：婚姻不是两个人的事，是两个家庭的事。但是21世纪的人们自我意识和独立意识越来越强，人们的思想会出现这些变化：

1. 当女性经济可以独立，不需要两个人搭伙才可以生活下去时，女性开始不依赖男性去生活。

2. 人们更爱自己，不愿意将就着过日子，想要找到一个志同道合的伴侣，然而爱情本身就可遇不可求，人们对生活品质的要求变得更高，婚姻就越难以将就。

3. 社会压力增大，随着社会节奏加快，每个人都很忙碌，忙着挣钱、还房贷、提升自己，一旦松懈就可能被时代淘汰，快节奏的生活加重了重新了解一个人的成本，很多人都不愿再去找一段新的感情重新磨合。

4. 当选择越多人们就越无法选择，人口大流动使城市聚集了大量外来人口，人们每天都能遇到不同的人，他们都会认为以后会遇到更好的，或者等自己变得更好才能遇到更好的，于是一直拖下去。

老一辈人的婚姻目的朴实而明确：搭伙过日子，然后繁育后代，他们更多的是受传统思想的影响，到了该结婚的年纪既然都要结婚，就找个差不多的结吧。

于是不管合适不合适，甚至没见过面就订婚，之后生米煮成熟饭，两个人再慢慢磨合，磨合好了就好好生活，磨合不好也得装作好好生活，在生活中我发现许多中年夫妻，两个人的性格会有一强一弱才能达到一个平衡，大多数是女性强男性弱，而如果男性在家中经济地位比较高的话，就会是男强女弱，达成平衡后生活平稳继续，两个强势的在一起往往争吵不断。

老一辈人往往会告诉你一个过来人的经验：要什么爱情不爱情，两个人慢慢磨合就好了，你看我跟你爸，这么多年过来不也挺好？

可时代在变，思想也在变，当代人大多不愿意将就，70年代的人有窝窝头吃就会幸福，有个人结婚就是幸福。现在人们在饮食上要营养均衡，在房子上要装修精美，在衣服上要时尚潮流，交朋友也处于得看三观圈子不同不必强融的时代，当然不会在婚姻上不做要求，用当今社会的婚恋观来看，对婚姻的不重视也是对自己的不负责任。这是时代的必然产物，拿过去的经验看现在已经不合时宜。

"我们为什么要结婚？"这是一个哲学问题，所以往往受过高等教育的人才会质疑，才会反思，才会给出不同的答案。

所以现在选择做丁克和不婚族的人群中，高级知识分子和经济条件较好的人比重会更大，他们做出这种决定是经过深思熟虑，适合自己的道路。

中国农耕文化中一直将结婚说成"终身大事"，不为别的，就是为了传宗接代，扩大劳动力，一个家族人越多就越旺盛，种的田地也就更多。

而我们现在看来婚姻渐渐变成一种生活方式，可以选择结婚，也可以选择不婚，它变得不是那么必要，一个人非结婚不可。

新时代婚姻的本质变成：两个成年人愿意共同生活，分享生活，彼此陪伴和照顾的约定。这种关系是建立在平等、自由、互助上的，而不再是为了性的合法化，不再是为了传宗接代，不再是为了将就过日子。

在等到这么一个人之前，可以选择不结婚，这是一个人最基本的自由，也可以在等到这个人来临的时候选择不结婚不领证的方式陪伴一生。

我们看过太多婚姻的不幸，知道家家都有本难念的经，当然更多的是家庭和谐幸福美满，人们开始慎重考虑婚姻的时候，才是真正对自己人生的负责，这篇文章不是鼓吹大家不要结婚，而是在强调盲目地走进婚姻可能会给自己的人生带来不幸，每一个人都有选择自己结婚或者不结婚的自由，这不是父母之命，更非媒妁之言，而是自己对自己人生的一次重大的抉择。

6.
打扮成自己喜欢的样子

01.

经常有人好奇地问："为什么搞艺术的男生喜欢留长头发？"

艺术和科学不同，科学是对真理的探索，而艺术是对美的追求，并不是说长发一定比短发好看，而是搞艺术的人思想更为个性开放，对美的理解更加与众不同，他们不仅仅是长发，在穿着打扮上都比普通人讲究。

艺术家们性格随性洒脱，崇尚自由，圈子里艺术氛围浓厚，再加上很多艺术家都是自由职业者，少了同事领导的闲言碎语，就更加有条件做自己了。

久而久之，人们把留长发、留须、个性、前卫的标签贴给了艺术家们，看到一个男生留长发第一印象想到的就是搞艺术的，然而随着人们思想的开放，人们意识到每一个人都有打扮成自己喜欢的样子的权利，走在街头上，型男靓女们打扮时尚个性，充满了青春的气息。

我认识一个一直渴望留木村拓哉一样长发的男生，高中时由于学校不允许，到了大学终于有机会实现这个小梦想，但在蓄发过程中也是受到各种压力。

班级同学拿他的头发开玩笑，邻居大妈旁敲侧击，父母极力反对。

他老妈不止一次说他："你这个发型，会让亲戚朋友怎么想？不怕别人笑话？毕业了工作，领导不得以为你有毛病啊？赶紧去剪了，剪了多干净利落！"

在那个小同学留长发的那段时间里，没有人在乎他适合什么样的发型，没有人过问过他喜欢什么样的发型，大部分的人都在关心大众喜欢什么发型，必须和大众保持步调一致才算是个好学生。

仔细想来，中国五千年历史，男生一直是留长发，后来学习近代西方思想，才剪掉了辫子，如果说那些批评这位同学的父母思想传统守旧，那男生留长发本身就合乎传统，因此他们之所以反对男生留长发，不是因为遵循传统，而是思想上的狭隘和偏见，不允许自己的孩子有个性，人云亦云，没有独立的思想和见解。

我一直认为，我们的发型也好，穿着也好，首饰也好，不是员工取悦领导，孩子取悦父母，学生取悦老师，女人取悦男人的工具，而是你自己感到舒服，符合自己的审美标准。

02.

前几年有一则新闻，发生在山东临沂某中学，13岁的女生张悦因不符合学校短发要求，一个月里三次剪发三次被批评"不够规矩"，并在被赶出学校后，在家喝下了灭白蛾用的农药自杀，一场头发的风波，夺走了一个少女鲜活的生命。

80、90后上学时期必定遇见过学校强制规定学生的穿着发型，男生只能留寸头，有的要求女生裙子过膝，不能化妆，不能戴首饰，头发不过肩，不允许烫染……还有一些班主任拿剪刀把学生的头发剪得七零八碎，这些看似为学生好的规定其实也剥夺了学生们的基本权利。

2019年3月，河北某中学严查学生露脚踝，声称不能为了时髦丢了健康。这个事件在网络上引起热议，网友们纷纷吐槽这个学校抹杀学生个性的行为，不是说医疗机构纷纷辟谣，露脚踝并不会危害到学生的健康，就是说学校领导到底是为了学生的健康着想还是仅仅看不惯学生的个性，无法理解在这个多元化的世界学生对美的追求。所谓的军事化管理只是为了想要将学生管制成自己喜欢的样子。

如果说是为了学生的学习着想，这也是一件极其本末倒置的事情，学习不仅仅是一份考卷，还包括了审美能力、社交能力、创造能力……而扼杀学生个性恰恰就是在打击学生的创造力，这样容易成为只会考试高分低能的书呆子。

03.

　　在一些农村有一个很有意思的现象，哪家的妇女穿了一件稍微鲜亮的衣裳就会引来别人背地里的嘲讽，为了避免别人笑话，她们宁可舍弃那件心仪的衣服，换成保守老旧的衣服，在那个充满偏见的环境下她们只能选择妥协，做自己成了一件只能在心里想想的事。

　　生活中偏见无处不在，认为文身、戴耳钉的男人都是小痞子，穿着前卫的女性作风不好，打扮时尚潮流的学生都是坏孩子，这些对人标签化、刻板化的印象，蒙蔽了人们的双眼，正是这些简单刻板将人划分的观念，带给世人种种歧视。

　　我们的穿着打扮不是为了取悦所有人，当你穿得保守时会被说成土老帽，当你穿得时尚时有人会说你装腔。还不如就打扮成你喜欢的样子，不需要人人夸赞。你的美丽不需要别人的眼光去定义，美丽的是你的自信和你的灵魂，没有人可以用一个外在的标签去评定谁，所以不要用带有偏见的社会规则去改变原本的你。

　　在人际社交中，有许许多多的误解和冲突，很多时候人们伪装自己，甚至自己欺骗自己，来赢得大众的认同，以此融入群体。在个性解放，思想开放的今天，我始终呐喊：**成为你自己，无须取悦任何人，当你开始选择自己喜欢的打扮、物品、生活方式时，你才能拥有自信的芬芳，引得全世界都来取悦你。**

7.
不畏艰难，
要成为自己的女神

    在自媒体上经常看到类似的文章：女人需要自我更新，不断提升自己，如果止步不前，很有可能就会被社会所淘汰，一个女人如果不能经济独立，就可能会成为婚姻的牺牲品，就像《我的前半生》中罗子君的处境，自己做了家庭主妇，在家里疑神疑鬼，和丈夫没有了共同语言，这时小三乘虚而入，破坏了原本看似和美的家庭。

    这类观点我是认可的，但女人的努力生活绝不是为了取悦男人，现实可能没有影视剧或者小说笔下那样理想，有很多女人即使减肥、打扮、工作、赚钱，也依旧在情感方面得不到满足，也有可能步入不了幸福的婚姻，现实不是韩剧，生活充满了无奈，也许再怎么努力也无法拥有很好的气质。

    即使你貌美如花，人也会老，心也会变，女人精致的生活不仅仅是为了留住男人，更重要的是对自己生活的追求，如果你是为了不被抛弃而努力，那么显然你依旧摆脱不了依赖男人的观念。从今天开始为自己而努力，因为无论你依赖谁，都难以获得真正的安全感。

女人为什么要为讨好男人活着呢？你的确需要努力，你努力仅仅只是你想要成为更好的自己，而不是为了别人而努力，如果仅仅是为了配得上谁，这样的生活实在太累。

女人的坚强和男人不同，男人的坚强是刚硬，女人的坚强像水，是柔软，却川流不息。是用瘦弱的肩膀扛起家庭的负担，累到满头大汗依然扭头给你一个微笑；是用心地练习厨艺，做一桌好菜看家人馋出了口水时欣慰的眼神；是优雅地学习一门手艺，将家里布置得井井有条。都说女人是水做的，水利万物而不争，一位女人的优雅，不是撒娇卖萌，而是坚毅中带有慈爱，不卑不亢中带有韧性。而这，比几千元的护肤品涂在脸上更有价值。

如果一个男人选择一个女人时，只看女人的美貌，那以后他可能找到了一个更年轻漂亮的新女友，脸蛋光滑，身材曼妙，这时女人拿什么挽回支离破碎的婚姻？

用孩子的幸福？用多年的感情？自己那么多年的付出？我把我的青春我的一切都给了你，你怎么可以这样？这个时候说什么都已为时过晚。

当一个女人为了一个男人而活的时候，她总会说，我为了你如何如何……

可生活并不是付出就一定可以得到回报。

而你用心优雅地做自己，拿出女性的柔韧和坚强，当他离开你时，或许是找到了一个更好看的脸蛋，但失去的是一位优雅富足的好妻子，他的离开恰恰给了你新生。

人一定得为自己而活。

　　女人为了讨好男人去让自己变得更好，就要按照他想要的样子去改变，他想让你美丽，你就去保养，他想让你身材好，你就去健身，他想要性福，你就去学习技巧。但这样你无法真正得到自己内心和精神上的满足，你跟着他的脚步行行停停，却最终没有成为独立的自己。

　　你要为了你自己的内心去努力，去做自己喜欢的事。你要去旅行，开阔眼界，你要不断地学习，为了自己的心境和品位，你要去工作，要用自己挣的钱买想要的东西，你要去社交，有自己的人脉圈子，你要有自己的精神家园，这样你就不会活在谁的阴影下，这样你无论失去谁都能过活，这样当你遇到渣男背叛的时候，不是哭哭啼啼卑微地挽留，而是轻松地寻找下一份幸福。

　　当代的婚姻方式不再稳如磐石，离婚率持续走高，娱乐圈中文章出轨，王宝强被戴绿帽，李小璐出轨……有多少原本令人羡慕的爱情能经得住考验呢？

　　这个时代，人可以大胆地去爱，也可以肆无忌惮地分手，每个人都要靠自己的双手去为明天打拼，不会再有人因为你是女人就给你些关爱，不会因为你是弱者就对你怜悯。

　　我认识一个离异的女子，带着孩子没有再婚，世人无法理解她为什么不再找一个男人，她笑世人不了解她的生活。我问她是不是因为那次离异就不再相信爱情了？她说不是。

　　她说世上美好的事太多，以前她仅仅只知道爱情一个，她为了爱情去完善自己，去追逐，去落泪，去费尽心机。

　　有次她看了电影《忠犬八公》，这使她泪流满面，原来人与动物的感情也可以那么真挚；她去拉萨朝圣，发现信仰可以带给她无穷无尽的力量；她每天给女儿做一顿不重样的早点，给她烹饪各种糕点，在校门口吻一下她的额头，她都会被自己感动得泪流满面。生活中美妙的事太多了，只是当初被爱情蒙蔽了双眼。

当她不再仅仅为了爱情活着，不再为了成为男人的爱宠而费尽心机，她变得豁达精致，她的生活开始充实，而这次，不是为了任何人，她依旧相信爱情，这一次她只要善待自己，相信爱情不久将会不约而至。

没有什么比做自己更加让人心旷神怡的事，不为任何人，不成为任何人想要的样子，只为这辈子问心无愧，仅此而已。

如果有人愿陪你颠沛流离，最好。如果没有，你要做自己的太阳，你可以没有男神，但你要成为自己的女神。